INHALT

Einleitung 4
Von der Kunst des Anrichtens 7
Der Wursthimmel 10
Schinken- und Fleischspezialitäten auf der Platte 12
Fisch auf der Platte 14
Käse auf der Platte 16
Gemüse auf der Platte 18
Süßes auf der Platte 20
Die rustikale Platte 22
Die festliche Platte 24
Die kleine Buffetkunde 26
Garnieren und Verzieren 28
Butter und Schmalz gehören dazu 32
Brot darf nicht fehlen 34
Kleine Köstlichkeiten, Snacks und Gaumenkitzler 36
Käse – fast schon eine Weltanschauung 62
Fleischzaubereien, die jeden begeistern 84
Delikatessen aus Feld, Wald und Wasser 108
Pasteten – eine Kunst für sich 128
Gemüse und Salate – immer ein Renner 138
Süßes für die Naschkatzen 150
Rezeptverzeichnis 160

Ingo Pfliegner

Köstlichkeiten für Gäste und Feste

Kalte Platten

FALKEN

Einleitung

Kochen ist in unserer heutigen Zeit schon lange keine Pflichtübung mehr. Die anspruchsvolle Hausfrau und der Hobbykoch suchen immer nach neuen kulinarischen Überraschungen.
Das Kochen am eigenen Herd ist mehr als nur ein Hobby. Es ist schon fast eine Philosophie geworden, ein persönlicher Ausdruck von Essen, Trinken und Genießen eines jeden Feinschmeckers. Dabei wird dann mit Liebe bis ins kleinste Detail gegangen. Mit Phantasie und einem kleinen bißchen Mut zum Neuen entstehen die schönsten Genüsse. Die Rezepte sind meist nur eine Ergänzung, eine Anregung, um die Komposition zu vollenden.
Mit dem Thema »Kalte Platten« will ich Ihnen einen kleinen Teil von den fast unbegrenzten Möglichkeiten für das »Schlemmen zu Hause« vorstellen. Die kalte Küche bietet sich geradezu perfekt an, um das Genießen in den Vordergrund zu stellen. Durch phantasievolle Garnituren und Dekorationselemente wird diese Art von Unterhaltung zu einem Erlebnis für den, der es zubereitet und ein Augenschmaus für den, der die Köstlichkeiten dann serviert bekommt.

»Apropos Servieren«
Haben Sie sich nicht auch schon geärgert, daß sich Ihre Gäste phantastisch amüsieren und Sie in der Küche stehen? Dies kann Ihnen bei der kalten Küche nicht passieren. Denn alle Gerichte lassen sich vorher schon anrichten, dekorieren und verzieren. Sie als Gastgeber können dann den Regisseur Ihrer Veranstaltung spielen. Wie ich meine, ist dies für ein gelungenes Fest ebenso wichtig wie das Essen selbst. Die Gastlichkeit, das gemeinsame Erleben und das Zusammensein mit Freunden ist einfach ein Bestandteil unserer heutigen Küchenkultur.
Lassen Sie sich aber nicht täuschen. Gerade bei den kalten Platten ist es wichtig, sich die Zeit vorher genau einzuteilen. Es ist keine schnelle Küche, mit der wir es hier zu tun haben. Viele Gerichte müssen vorher gekocht werden, sie müssen auskühlen oder auch mariniert werden. Dies alles erfordert eben seine Zeit und vor allen Dingen die richtige Planung.
Eine schöne Garnitur soll nicht einfach nur so hingesetzt werden. Sie müssen Ihre Phantasie spielen lassen. Das ist dann manchmal auch nicht so leicht. Viele Garnituren sehen zwar am Anfang schön aus, doch sie fallen, je länger die Platte steht, sehr schnell zusammen und sind dann unansehnlich und unappetitlich. Doch auf die Garnitur gehe ich auf den nächsten Seiten noch näher ein, genauso wie ich Ihnen die Möglichkeiten eines Blickfangs näher erläutern oder die Vielfalt der Legetechnik von Wurstwaren, Fleisch und Käse zeigen will.
Jedes Rezept, das in diesem Buch vorgestellt wird, ist für vier Personen berechnet. Es kann so als eigenständige Hauptmahlzeit serviert werden. Wenn Sie aber aus diesem Rezeptfundus ein Buffet zusammenstellen wollen, so liegt es an Ihnen, die Zutaten je nach Anzahl der Gäste zu verringern beziehungsweise zu erweitern. Gerade für das kalte Buffet ist es wichtig, eine große Anzahl an Gerichten zu servieren. Doch es sollte nie zuviel übrigbleiben.
Mit diesem Buch möchte ich Ihnen eine Hitparade meiner Lieblingsrezepte vorstellen. Vielleicht ist auch für Sie etwas dabei, das Ihre Phantasie anregt und Ihren Gaumen erfreuen läßt.
Ich habe in den Rezepten die wichtigsten Zubereitungsschritte Punkt für Punkt aufgelistet, um Ihnen das Nachkochen möglichst leicht zu machen. Die gezeigten Phasenphotos im Rezeptteil sind mit den jeweiligen Zubereitungsschritten numeriert. Auf Garnitur- und Dekorationsvorschläge habe ich im Rezeptteil teilweise verzichtet, da in den Einleitungstexten gerade die Legetechnik und die verschiedenen Garnituren genau beschrieben werden.
Mein Wunsch ist es nun, daß Sie sich durch dieses Buch möglichst oft dazu verleiten lassen, ein schönes Essen zu zelebrieren, daß es Ihnen auch immer gelingt, Ihre Gäste und sich selbst zu verwöhnen, und daß Sie immer Spaß an den schönsten Dingen des Lebens haben.
In diesem Sinne wünsche ich Ihnen allzeit gutes Gelingen.

Ihr

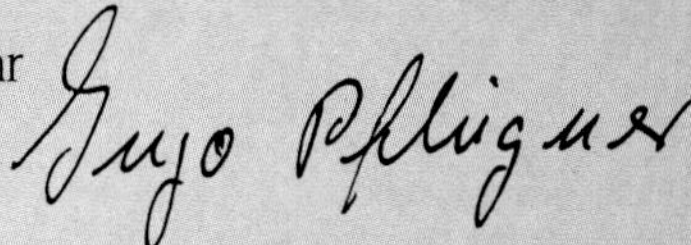

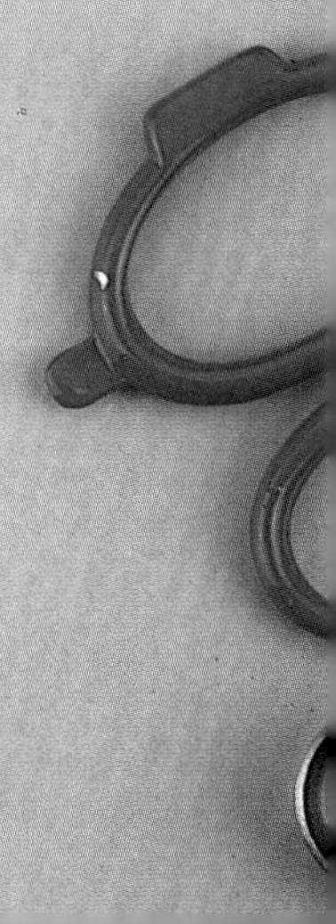

FAMUS

Von der Kunst des Anrichtens

Leider ist es auch heute noch in der Gastronomie vielerorts üblich, alle möglichen Dinge zusammen auf einer Platte anzurichten und diese Platte dann mit übermäßigen Garnituren zu überladen. Lassen Sie sich von diesen Negativbeispielen nicht beeinflussen. Lassen Sie in erster Linie das Material, das Sie verwenden, wirken. Garnieren und verzieren Sie nur, wenn es unbedingt nötig ist, aber dann bitte nicht über die dargebotene Ware hinaus.
Sie sollten auch für diese Garnituren grundsätzlich nur Lebensmittel verwenden und keine Schleifchen, Bänder oder anderen Papiertand.
In der modernen Küche werden auch keine Schirmchen oder Plastikspießchen verwendet, genauso wenig wie die allzuhäufig verwendete Mayonnaise, der Aspik oder das Blattgold. Vor 10 Jahren waren diese Elemente der Garniturerfolg, heute soll Ihre Platte nüchtern, exakt und produktbezogen wirken und nicht totgarniert werden.
Der Aspik ist fast gänzlich von den Platten verschwunden. Jetzt wird er als Geschmacksträger verwendet, das heißt, fast ausschließlich als Geleezubereitung mit Früchten, Gemüsen, Weißwein und Rotwein, Madeira, Sherry usw. oder natürlich auch für Sülzen.
Der neutrale Aspik wird sehr sparsam verwendet, und es werden nur solche Partien damit überzogen, die schnell ein welkes Aussehen bekommen. Der bekannte Aspikspiegel wird noch für Silberplatten benutzt, dann aber nur als Schutz vor Oxydation und einem eventuellen Zerkratzen.
Die Zubereitung des Aspiks kann auf verschiedene Weisen erfolgen. Zeitraubend, aber von unübertroffenem Geschmack ist der selbsthergestellte Aspik aus Kalbs- oder Schweinsfüßen oder auch aus Fischgräten. Schnell und unproblematisch ist dagegen die Verwendung von Gelatine in Blatt- oder Pulverform oder das Aspikpulver. Hier müssen Sie sich nur nach den genauen Mengenangaben auf den einzelnen Packungen richten und schon ist in kürzester Zeit Ihr Gelee zum Gebrauch fertig.
Für den Aufbau Ihrer Platte ist es ratsam, alles griffbereit auf einem Servierwagen anzurichten. Alle Hauptprodukte sollen geschnitten, geviertelt oder gewürfelt sein. Die Garniturelemente wie die Eier sollen gekocht, die Kräuter verlesen und gewaschen, die Früchte je nach Gebrauch vorbereitet und das Gemüse geputzt und gewaschen sein. So ist es einfacher, ein schönes Bild auf Ihre Platte zu bekommen.
Falls Sie mehrere Platten für ein Buffet anrichten, sollten Sie sich vorher einen Garniturplan anlegen und auch hier die vorbereiteten Elemente bereitstellen.
Viele Hausfrauen und Hobbyköche haben es manchmal schwer mit dem Belegen einer Platte. Doch machen Sie sich nichts daraus, auch erfahrenen Köchen gelingt diese Kunst nicht immer. Damit Sie es leichter haben, sollten Sie die folgenden Punkte beachten:

1. Schon beim Kauf der Ware darauf achten, daß die Scheiben nicht zu dünn geschnitten sind. Dadurch wird die Standfestigkeit der Ware erhöht, und die Platte sieht auch nach längerer Zeit nicht müde und schlaff aus.
2. Kaufen Sie für eine Platte immer nur Waren und Sorten, die zusammenpassen, das heißt: verschiedene Schinkensorten für die Schinkenplatte oder verschiedene Aufschnittsorten für die Aufschnittplatte, kalte Braten für die Bratenplatte usw.
3. Die Garnituren sollen auf die jeweilige Ware abgestimmt sein. Sie dürfen nicht überladen wirken, sollen aber die Ware hervorheben.
4. Einer der wichtigsten Grundsätze ist das exakte Legen der Ware. Die Abstände der einzelnen Scheiben sowie der verschiedenen Sorten sollen gleich sein. Ebenso die Garnituren.
5. Sortengleiche Waren und Garnituren gehören zusammen und dürfen nicht wahllos auf der Platte verteilt sein.
6. Ein Wechsel zwischen den Farbtönen hell und dunkel ist zu empfehlen, da dadurch auch der Gesamteindruck der Platte gehoben wird.
7. Schaffen Sie sich auch auf einer Platte einen kleinen Blickfang, von dem aus Sie dann leichter legen können.
8. Noch ein persönlicher Tip! Versuchen Sie es einfach mit etwas Geduld und Liebe, so wird Ihre Platte mit Sicherheit immer ein Erfolg.

Die Legetechnik

Damit für Sie das Plattenlegen zu einer leichten Übung wird, zeigen wir Ihnen in den folgenden Phasenfotos die wichtigsten Arten des Rollens, Faltens und Legens am Beispiel einiger Wurstsorten. Wenn Sie es einmal heraus haben, so werden Sie sehen, daß es gar nicht so schwer ist. Es ist noch kein Künstler vom Himmel gefallen, wie es so schön heißt!
Auch für das Plattenlegen gilt: üben, üben, üben!

Vorschlag 1
Ganze Scheiben exakt in gleichem Abstand legen.

Vorschlag 2
Ganze Scheiben zu 1/3 nach unten einschlagen und exakt übereinanderlegen.

Vorschlag 3
Ganze Scheiben zur Hälfte übereinanderschlagen und versetzt aufeinanderlegen.

Vorschlag 4
Ganze Scheiben einmal leicht zusammenschieben, damit in der Mitte eine Erhöhung entsteht. Die nächsten Scheiben exakt darüberlegen.

Vorschlag 5
Halbierte Scheiben mit einer Spitze übereinander in exakt gleichem Abstand legen.

Vorschlag 6
Ganze Scheiben gleichmäßig zusammenrollen. Diese Art des Rollens eignet sich auch für Füllungen.

Vorschlag 7
Ganze Scheiben werden konisch zusammengerollt: besonders geeignet für rohen und gekochten Schinken.

Vorschlag 8
Beim Falten von Tütchen wird 1/3 einer Scheibe nach hinten umgelegt und anschließend das ganze nach vorne zusammengedreht.

Vorschlag 9
Hütchen werden hauptsächlich aus Rohwurstscheiben gefaltet. Dabei eine Scheibe bis zur Mitte hin einschneiden und zusammendrehen.

Vorschlag 10
Zu einer Blüte gefaltet werden die rohen Schinkenscheiben. Dabei eine Scheibe von beiden Seiten her mehrmals falten und anschließend nach vorne zusammendrehen.

Vorschlag 11
Das Röschen wird ebenfalls mit rohem Schinken hergestellt. Meist aus Bündnerfleisch oder Lachsschinken. Dabei zuerst ein gleichmäßiges Röhrchen formen, dieses wird anschließend mit zwei weiteren Scheiben locker umlegt. Die letzte Scheibe wird dann leicht nach außen umgeknickt.

Vorschlag 12
Diese Platten stehen stellvertretend für die vielen Arten, Formen und Materialien. Die gebräuchlichsten Platten sind aus Holz, Cromargan, Silber, Porzellan und Stein. Achten Sie darauf, daß Sie beim Anrichten der Waren auch die entsprechende Platte verwenden, einen Hummer sollte man beispielsweise nie auf einer rustikalen Holzscheibe dokorieren.

Der Wursthimmel

Es gibt wohl kaum ein anderes Land, in dem es eine größere Vielzahl an Wurst- und Fleischspezialitäten gibt, als Deutschland. Jede Region und fast jede Stadt hat ihre Besonderheit, die sich natürlich auch in der kalten Küche widerspiegelt. Mit weit über 1 000 verschiedenen Wurstsorten wird Deutschland nicht umsonst als »Wurstparadies« bezeichnet, und dieses Paradies finden wir dann auch auf den kalten Platten wieder. Schon im Mittelalter hat die Zunft der Schlachter festgelegt, wie die verschiedenen Wurstsorten einzuteilen sind. Aus dieser Tradition heraus läßt sich natürlich auch das Wissen um die Herstellung ableiten.
Die Wurst gehört einfach dazu und selbst in unserem Sprachgebrauch findet man viele Redewendungen, die die Wurst mit einbeziehen. Ob »die Würste zu hoch hängen« oder ob es »um die Wurst geht«. Sie kennen sicherlich die Sprichwörter aus dem Volksmund.
Strenggenommen werden die Wurstsorten in drei Familien eingegliedert. In die Kochwurst, die Brühwurst und die Rohwurst.
Kochwürste sind grundsätzlich die Wurstsorten, die vorwiegend aus Fleisch, Fett und Innereien hergestellt werden. Die Hauptzutaten hierfür sind: schlachtfrisches Schweinefleisch und/oder Kalbfleisch. Die Vertreter der Kochwürste sind die Leber- und Blutwurst, die Sülzwürste und die verschiedenen roten und weißen Preßsacksorten.
Das größte Sortiment findet man wohl bei den Brühwürsten. Als Brühwurst werden alle die Würste bezeichnet, die aus rohem, im Cutter zerkleinertem Fleisch und Fett bestehen. Unter Zugabe von Eis oder Wasser und Gewürzen werden sie zu einer kompakten Masse verarbeitet. Diese Masse wird anschließend in Natur- oder Kunstdärme gefüllt und durch Brühen, Braten oder Backen gegart. In dieser Gruppe wird noch in »weiße und rote Ware« unterschieden.
Die weiße Ware wird aus Kalbfleisch, Schweinefleisch, Speck und Gewürzen hergestellt. Dazu zählen die Ihnen sicherlich bekannten Würste, wie die Weißwurst, die Schweinsbratwurst, die Gelbwurst oder die Wollwurst.
Die rote Ware wird aus Schweinefleisch, Rindfleisch, Speck und Gewürzen hergestellt. Die Vertreter dieser Gruppe sind die Lyoner, die Bierwurst, der Bierschinken, die Fleischwurst, die Mortadella und die Jagdwurst. Nicht zu vergessen die Wiener Würstchen, die Regensburger, die Frankfurter und die Knacker.
Die dritte große Familie, die Rohwürste, wird auf der Basis von rohem Fleisch hergestellt. Verwendet wird Schweinefleisch, Rindfleisch und kerniger Speck. Bevorzugt für die Herstellung der Rohwürste wird das Fleisch von älteren Tieren. Der Grund dafür ist, daß das Fleisch dieser Tiere trockener ist als das der jungen.
Nach dem Abfüllen der Fleischmasse in Därme werden diese Würste durch Beizen, Lufttrocknen und Räuchern haltbar gemacht. In unserer modernen Zeit gibt es die großen Reifungs- und Klimaanlagen, die eine ausgezeichnete Qualität das ganze Jahr über garantieren. Früher beschränkte sich die Rohwurstproduktion auf die kalten Monate des Jahres.
Auch bei den Rohwürsten wird wieder in 2 Gruppen eingeteilt: in die streichfähigen und die schnittfähigen Produkte. Zu den streichfähigen Rohwürsten zählen Tee- und Mettwürste. Zu den Schnittwürsten rechnet man die verschiedenen Salamiarten, die Cervelat, die Plockwurst und nicht zu vergessen die zahlreichen Abwandlungen der Polnischen, Debrecziner und Zigeunerwürste.

Runde Aufschnittplatte

Sie benötigen für 4 Personen:

100 g Bierwurst
100 g Fleischwurst
100 g Bierschinken
100 g Salami
100 g Jagdwurst
100 g rohen Schinken

Für die Garnitur:

2 hartgekochte Eier
½ Salatgurke
einige Champignonköpfe
1 Bund Petersilie
1 Bund Radieschen

So wird's gemacht:

1. Die Bierwurst und die Fleischwurst zur Hälfte zusammenklappen und damit den Rand einer runden Platte belegen.
2. Den Bierschinken und die Salami ebenfalls zur Hälfte zusammenklappen und den inneren Kreis auslegen.
3. Die Jagdwurst zur Hälfte zusammenklappen und einen dritten Kreis auslegen.
4. Den rohen Schinken zu Tütchen falten und von der Mitte zum Rand als Blickfang legen.
5. Die Platte mit in Scheiben geschnittenen Eiern und Salatgurken garnieren, mit in Scheiben geschnittenen Champignonköpfen und Petersilie verzieren.
6. In die Mitte der Platte einen Kranz aus Petersilienzweigen legen und die gewaschenen Radieschen hineinsetzen.

Vorbereitungszeit: 10 Minuten.
Zubereitungszeit: 10 Minuten.

Schinken- und Fleischspezialitäten auf der Platte

Eine Delikatesse, die nicht wegzudenken ist, sind natürlich die vielen, vielen Schinken. Roher oder gekochter Schinken, ob luftgetrocknet oder geräuchert, sie sind es allemal wert, auf einer kalten Platte angerichtet oder mit Brot und Butter gereicht zu werden.
In der langen Liste möchten wir nur einige Stellvertreter nennen. Da wären als erstes die regional bekannten Schinken, wie der westfälische und der holsteinische Katenschinken, der Schwarzwälder Schinken, der Ardenner Schinken oder der Bajonner Schinken und nicht zu vergessen der Parmaschinken.
Ebenso bekannt und beliebt sind die gekochten, gepökelten und kurz geräucherten Vorder- und Hinterschinken, sowie die gekochten und geräucherten Stücke, die als Schwarzgeräuchertes bezeichnet werden.
Ähnlich dem Schinken haben auch

das Kassler, der Nußschinken, der Lachsschinken oder das Bündnerfleisch ihren Stammplatz auf der kalten Platte.
Was selbstverständlich auch nicht fehlen darf, sind die vielen kalten Braten vom Rind, Schwein, Kalb oder auch vom Lamm. Gefüllt, gerollt oder natur, sie sind alle eine Versuchung wert.

Gemischte Schinken- und Bratenplatte

Sie benötigen für 4 Personen:

150 g Pfefferschinken
100 g Kalbsbraten
4 Scheiben gekochten Schinken
100 g gepökeltes Zungenfleisch
100 g Roastbeef
150 g Schweinebraten
80 g Rindersaftschinken

Für die Garnitur:

1 kleine Dose Spargel
1 kleines Glas Cornichons
1 hartgekochtes Ei
1 kleines Glas gefüllte Oliven
1 Kästchen Kresse

So wird's gemacht:

1. Den Pfefferschinken und den Kalbsbraten zur Hälfte einschlagen.
2. Den gekochten Schinken zu Tütchen rollen.
3. Das Zungenfleisch bereitlegen und das Roastbeef zu Röllchen rollen.
4. Den Schweinebraten und den Rindersaftschinken falten.
5. Die Schinkentütchen in eine Ecke einer rechteckigen Platte anrichten und in der Folge den Stangenspargel und den Kalbsbraten zum Halbkreis auflegen.
6. Im Anschluß daran den Plattenrand mit dem Pfefferschinken, den Roastbeefröllchen und den Zungenscheiben belegen.
7. Die Cornichons gegenüber dem Stangenspargel gleichmäßig auslegen.
8. Den inneren Kreis mit den gefalteten Schweinebratenscheiben bilden und im Anschluß daran einen Kreis mit Rindersaftschinken legen.
9. Die Platte mit den in Scheiben geschnittenen Eiern garnieren. Den inneren Kreis mit Kresse und Oliven ausfüllen und servieren.

Vorbereitungszeit: 10 Minuten.
Zubereitungszeit: 5 Minuten.

Fisch auf der Platte

Wie für alle Platten gilt auch für die Fischplatte, daß sie übersichtlich angeordnet sein muß.
Bevorzugt wird für die Fischplatten die geräucherte Ware, wie Räucherlachs, geräucherte Forellenfilets, Makrelen, Aal, Schillerlocken oder Bücklinge sowie die eingelegten Fische.
Der gekochte, gebratene oder gedünstete Fisch sollte, besonders wenn die Platte länger steht, mit einem Gelatinespiegel überzogen werden. Denn gerade dieser Fisch nimmt sehr schnell andere Gerüche an und verliert sein feines Aroma.
Für die Dekoration einer Fischplatte werden auch sehr gerne die verschiedenen Arten von Fischsalaten zubereitet. Heringssalate, Krabbencocktails oder Muschelsalate wären hier zu nennen.

Als Garnitur werden Kräuterzweige, kleine Gemüsesorten und Eier bevorzugt.
Angerichtet werden die Fischplatten auf Silber, Cromargan oder Porzellan, wobei man bei den deftigen Fischsorten Holz- und Steinplatten bevorzugt.

Schnelle Fischplatte

Sie benötigen für 4 Personen:

250 g Krabben
2 Scheiben Ananas
1 kleine Dose Champignons
1½ Tassen Mayonnaise
1 EL Tomatenmark
2 EL mittelscharfen Senf
4 cl Weinbrand
4 EL Sahne
Salz
weißen Pfeffer aus der Mühle
1 Prise Zucker

Für die Platte:

200 g Schillerlocken
8 Bismarckheringsrollen
400 g geräucherten Aal
400 g Lachs

Für die Garnitur:

2 hartgekochte Eier
2 EL Kaviar
Kräuterzweige
Zitronenscheiben

So wird's gemacht:

1. Die Krabben unter fließendem Wasser abwaschen, gut abtropfen lassen und in eine Schüssel geben.
2. Die in kleine Würfel geschnittenen Ananas und die in Scheiben geschnittenen Champignons dazugeben und vorsichtig miteinander vermischen.
3. Die Mayonnaise mit dem Tomatenmark, dem Senf, dem Weinbrand und der Sahne glattrühren. Mit Salz, Pfeffer und Zucker abschmecken und den Salat damit anmachen.
4. Dekorativ in Cocktailgläsern anrichten und bereitstellen.
5. Die Schillerlocken in 3 bis 4 Zentimeter große Stücke schneiden und den gegenüberliegenden Rand einer ovalen Platte belegen.
6. Die Bismarckheringsrollen in der Mitte der Platte anrichten.
7. Einen Kreis mit dem in 3 Zentimeter dicke Stücke geschnittenen Aal legen.
8. Den Rand der Platte mit den Lachsscheiben auslegen.
9. Die Platte mit den in Scheiben geschnittenen Eiern garnieren, mit dem Kaviar, den Kräuterzweigen und den Zitronenscheiben verzieren.

Vorbereitungszeit: 10 Minuten.
Zubereitungszeit: 10 Minuten.

Käse auf der Platte

Es ist fast unmöglich, aus dem vielfältigen Käseangebot eine Aufstellung für Ihre kalten Platten vorzuschlagen. So verschieden die Geschmäcker sind, so verschieden sind auch die Käsesorten. Dem einen schmeckt der milde, weiche und dem anderen der pikante, harte Käse. Trotzdem haben wir Ihnen in groben Zügen einiges Wissenswerte zusammengetragen. Grundsätzlich wird Käse in sechs unterschiedliche Gruppen eingeteilt. Eine weitere Einteilung ergibt sich nach den Bestimmungen der Käseverordnung, wonach der Fettgehalt anzugeben ist. Wir wollen uns hier auf die Gruppeneinteilung beschränken.
Die Herstellung von Käse blickt auf eine lange Tradition zurück. Schon im Altertum wurden die Grundprinzipien der Herstellung so angewandt, daß sie auch heute noch verwendet werden.
Die erste Stufe der Käsebereitung können Sie auch zu Hause sehen, wenn Milch sauer wird und gerinnt. In der Großproduktion wird diese Gerinnung durch eigens dafür gezüchtete Milchsäurebakterien oder durch Lab, ein Ferment, das vorwiegend aus dem Kälbermagen gewonnen wird, hervorgerufen. Anschließend wird beim Erwärmen die flüssige Molke von der geronnenen Milch getrennt. Damit ist eines der Ausgangsprodukte für die Weiterverarbeitung, der Bruch, entstanden.
Wird die Gerinnung durch Milchsäurebakterien beeinflußt, so wird daraus der Sauermilchkäse; im Gegensatz dazu entsteht mit Lab der Süßmilchkäse.

Hartkäse
Der Hartkäse ist der Käse, der die längste Lager- und Reifezeit hinter sich hat. Diese Lagerzeit kann bis zu zwei Jahren dauern.
Einer der bekanntesten Vertreter in dieser Gruppe ist ein Kuhmilchkäse aus Italien, der Parmesan. Ihm steht in unseren Breiten der Emmentaler in nichts nach.
Nach der Reifezeit hat dieser Käse höchstens noch 56% Wasser in der fettfreien Käsemasse.
Weitere Vertreter dieser Gruppe sind aus der Schweiz der Greyerzer, aus Frankreich der Comté und der Beaufort. Aus Italien bekannt ist uns der Provolone. Die englischen Vertreter sind der Chester und der Cheddar.

Schnittkäse
Beim Schnittkäse liegt der Wassergehalt bei 54 bis 63%. Deshalb ist er weicher und geschmeidiger als der Hartkäse. Auch seine Lager- und Reifezeit ist wesentlich kürzer. Die bekanntesten Vertreter sind der Edamer und der Gouda aus Holland. Aus Dänemark kommt beispielsweise der Maribo und der Havarti. Unsere Schweizer Nachbarn lieben den Appenzeller und den Raclette, eine Käseart aus den Waliser Alpen. Ein bekannter Schnittkäse aus Deutschland ist der Tilsiter.

Halbfester Schnittkäse
In dieser Gruppe gibt es die meisten Variationen und Spezialsorten. Der Wassergehalt von 61 bis 69% läßt weichen geschmeidigen Käse entstehen, der saftig und noch sehr feucht ist.
Schon der Name des deutschen Vertreters läßt auf die Qualität zurückblicken. Es ist der Butterkäse.
Aus Italien kommt der Bel Paese, aus Dänemark der Esrom und aus Frankreich der Port Salut, der ursprünglich nur von Trapistenmönchen hergestellt wurde.
Weitere deutsche Vertreter sind der Weißlacker aus dem Allgäu und der Steinbuscher.
Zu der Gruppe der halbfesten Schnittkäse werden auch die Edelpilzkäse gezählt. Diese Käsesorten erhalten ihren typischen Geschmack durch dafür gezüchtete Edelpilze. Es gibt hierfür zwei Varianten, wobei die Pilze entweder in die Käsemasse oder in den schon reifenden Käse geimpft werden. In Deutschland bekannt ist der Bavaria Blu, der Bressan und der Roquefort, ein Schafkäse aus Frankreich. Aus Italien kommt der Gorgonzola, aus England der Stilton und aus Dänemark der Danablu.

Weichkäse
Diese Gruppe der Käsesorten läßt sich wiederum in zwei Untergruppen teilen. Dies sind der Weichkäse mit weißem Schimmel und der mit rotbrauner Schmiere. Beide Arten haben aber einen Wassergehalt von 67 bis 73%. Die Reifung erfolgt durch besondere Bakterien von außen nach innen. Junger Weichkäse hat einen harten Kern, während

der ausgereifte schon anfängt »zu laufen«.
Die Vertreter dieser Gruppe sind die verschiedenen Camembertsorten, die in Deutschland im Allgäu hergestellt werden, der Brie und die vielen anderen Weichkäsespezialitäten aus Frankreich. Zu den Käsesorten mit Rotschmiere zählen der Limburger, der Romadour und der Munster.

Sauermilchkäse
Diese aus Magermilch hergestellten Käse sind hauptsächlich regionale Spezialitäten. Der Wassergehalt ist ähnlich dem der Weichkäse. Auch sie gibt es mit weißem Schimmel oder mit Rotschmiere. Vertreter der Sauermilchkäse sind Harzer, Mainzer, Handkäse, Stangenkäse, Korbkäse, Spitzkäse, Olmützer Quargel und Schimmelkäse.

Frischkäse
Das gemeinsame Merkmal dieser Käse ist, daß sie keine Reifezeit haben. Sie enthalten 73 bis 87% Wasser und haben einen feinen, leicht säuerlichen Geschmack. Zum Frischkäse zählt man den Quark, den Schichtkäse und den Rahmfrischkäse.
Diese grundsätzliche Einteilung wird nun durch die modernen Käsefamilien wie den Schmelzkäse, die Schmelzkäsezubereitungen und den Kochkäse ergänzt.
Das richtige Aufbewahren soll in der Käsekunde nicht unterschlagen werden. Käse muß immer vor Luft, Licht und Wärme geschützt werden. Der richtige Platz ist das Molkereifach des Kühlschranks oder die Käseglocke. Dabei wird er in Alufolie, Haushaltsfolie oder Pergamentpapier eingewickelt. Vor dem Verzehr nimmt man ihn eine Stunde vorher aus dem Kühlschrank.

Gemüse auf der Platte

Unter der Gemüseplatte verstehen wir alle die Platten, deren Hauptbestandteil rohes oder nur kurzgegartes Gemüse ist. Es handelt sich dabei um Gemüsesorten, die alle groß genug sind, um gefüllt zu werden:
Tomaten, Paprika, Gurken, Zucchini, Auberginen, Avocados, Artischocken, Zwiebeln, Kohlrabi, Fenchel, Sellerie, auch große Karotten oder Lauch, um nur einige zu nennen. Gefüllt mit angemachten Salaten, Cremes oder auch Quark, sind diese Gemüsesorten bestimmt eine Bereicherung in Ihrer Küche. Am Beispiel unserer feinen Gemüseplatte wollen wir Ihnen eine kleine Auswahl der unerschöpflichen Möglichkeiten aufzeigen.
Je nach Anlaß können die Gemüseplatten auf Cromargan, Holz oder auch Stein aufgebaut werden. Dekoriert werden diese Platten mit Früchten oder mit rohem Gemüse.

Feine Gemüseplatte

Sie benötigen für 4 Personen:

1 mittelgroße Zucchini
4 Tomaten
1 kleine Salatgurke
8 Artischockenböden
Salz
weißen Pfeffer aus der Mühle

Für die Zucchinifüllung:

100 g gekochten Schinken
100 g Emmentaler Käse
2 Gewürzgurken
1 kleinen Chicorée
1 Zwiebel
1/4 Tasse Olivenöl
1/4 Tasse Weißwein
4 EL Essig
2 EL mittelscharfen Senf
1 Prise Zucker

Für die Tomatenfüllung:

1 kleine Dose Mais
1 kleine Dose Erbsen
2 EL süßsaures Paprikagemüse
1/2 Tasse Mayonnaise
1/2 Tasse Joghurt
2 EL Essig
2 cl Weinbrand
1 Prise Zucker

Für die Gurkenfüllung:

150 g Krabben
1 kleine Dose Champignons
Saft von 1 Zitrone
1 Prise Zucker
1/2 Bund Petersilie

Für die Artischockenfüllung:

150 g Doppelrahm-Frischkäse
2 EL Sahne
2 EL Orangenlikör
1 Prise Zucker
2 EL deutschen Kaviar
2 EL Forellenkaviar

Für das Früchtebukett:

Alufolie
Zahnstocher
Weintrauben
Erdbeeren
Kiwis
Petersilie
Kresse

So wird's gemacht:

1. Die Zucchini halbieren, mit einem Teelöffel entkernen und nochmals in Hälften schneiden.
2. Von den Tomaten einen Deckel abschneiden und mit einem Teelöffel aushöhlen.
3. Die Salatgurke waschen, halbieren, mit einem Teelöffel aushöhlen und nochmals in Hälften schneiden.
4. Die Artischockenböden gut abtropfen lassen und das Gemüse dekorativ auf einer Platte anrichten.
5. Mit Salz und Pfeffer würzen.
6. Für die Zucchinifüllung den Schinken, den Emmentaler, die Gurken, den geputzten Chicorée und die Zwiebel in kleine Streifen oder Würfel schneiden und alles zusammen vermischen.
7. Das Olivenöl mit dem Weißwein, dem Essig und dem Senf glattrühren, mit Salz, Pfeffer und Zucker abschmecken und den Salat damit anmachen.
8. Für die Tomatenfüllung das gut abgetropfte Gemüse miteinander vermischen.
9. Die Mayonnaise, den Joghurt, den Essig und den Weinbrand miteinander glattrühren, mit Salz, Pfeffer und Zucker abschmecken und den Salat damit anmachen.
10. Für die Gurkenfüllung die gewaschenen und gut abgetropften Krabben mit den in Scheiben geschnittenen Champignons vermischen. Mit Zitronensaft, Zucker, Salz und Pfeffer würzen und mit Petersilie bestreuen.
11. Für die Artischockenfüllung den Doppelrahm-Frischkäse mit der Sahne und dem Orangenlikör glattrühren, mit Salz, Pfeffer und Zucker würzen.
12. Den Doppelrahm-Frischkäse in die Artischockenböden spritzen und mit dem Kaviar belegen.
13. Für das Fruchtbukett die Alufolie zu einer länglichen Wurst zusammenpressen.
14. Die Weintrauben, die Erdbeeren und die Kiwis mit Zahnstochern dekorativ daraufstecken.
15. Mit den Petersilienzweigen die noch offenen Stellen abdecken und auf der Platte anrichten.
16. Die Salatfüllungen in die Gemüse füllen, die Platte mit Kresse ausgarnieren und servieren.

Vorbereitungszeit: 20 Minuten.
Zubereitungszeit: 10 Minuten.

Süßes auf der Platte

Diese Platten sollten auf einem kalten Büffet nicht fehlen. Es gibt genügend Naschkatzen unter uns, die daran nicht vorbeigehen können. Ob frische Früchte oder Kompottfrüchte, sie eignen sich alle für eine süße Platte. Die Früchte müssen nur alle so vorbereitet werden, daß sie ohne Problem leicht zu essen sind. Zitrusfrüchte, die halbiert wurden, werden zum Beispiel mit einem Messer oder mit einem Teelöffel von der Schale gelöst, das Fruchtfleisch wird in mundgerechte Stücke geschnitten und in den Hälften belassen.
Die Früchte, die leicht braun werden können, wie Äpfel, Bananen, Birnen usw., werden vor dem Anrichten mit Zitronensaft kräftig beträufelt. Eine andere Möglichkeit, dies zu verhindern, ist, die Früchte mit einem Gelatinespiegel zu überziehen.
Dekorationselemente für die süßen Platten sind dann die ganzen Früchte, die als Blickfang arrangiert werden. Verziert wird mit Weintrauben, Erdbeeren, Nüssen, eingelegten Früchten, Marmeladen oder Gelees, Fruchtsoßen, Cremes und Kräuterzweigen.
Außer den Früchten sollen auch andere Süßspeisen auf die süße Platte. Gestürzte Cremes, Puddings, Gelees oder auch Quarkspeisen, Kuchenstücke oder süße Aufläufe – all diese leckeren Dinge können auf der Platte aufgebaut werden.

Die süße Platte

Sie benötigen für 4 Personen:

2 Orangen
1 Apfel
Saft von 1 Zitrone
3 Kiwis
4 Pfirsichhälften
2 Birnenhälften
200 g Erdbeeren

Außerdem:

Weintrauben
Walnüsse
100 g Doppelrahm-Frischkäse
2 cl Weinbrand
1 Päckchen Vanillezucker
2 EL Preiselbeerkompott

Für die Soße:

1 Becher saure Sahne
100 g Himbeeren
1 Päckchen Vanillezucker
2 EL Zucker
4 EL Orangenlikör

So wird's gemacht:

1. Die Orangen sternförmig halbieren, das Fruchtfleisch mit einem Messer auslösen und in mundgerechte Stücke schneiden.
2. Den Apfel waschen, ausstechen, vierteln und mit Zitronensaft beträufeln.
3. Die Kiwis sternförmig halbieren.
4. Die Pfirsichhälften nochmals halbieren und die Birnenhälften gut abtropfen lassen.
5. Die Erdbeeren putzen, waschen und bereitstellen.
6. Mit den verschiedenen Früchten die Linienführung auf einer quadratischen Platte anlegen.
7. Die restlichen Früchte exakt auf diese Platte legen.
8. Die Platte mit den Weintrauben, den Walnüssen, dem mit Weinbrand und Vanillezucker angerührten Frischkäse und dem Preiselbeerkompott ausgarnieren.
9. Für die Soße die saure Sahne mit den pürierten Himbeeren, dem Vanillezucker und dem Zucker verrühren, mit Orangenlikör aromatisieren und mit den Erdbeeren zur Platte reichen.

Vorbereitungszeit: 15 Minuten.
Zubereitungszeit: 5 Minuten.

Die rustikale Platte

Unter diesem Plattentyp fassen wir alle Platten zusammen, die mit ganzen oder nur zum Teil aufgeschnittenen Produkten angerichtet werden.
Die Zutaten, die hierfür ausgewählt werden, sollen deftig und gut gewürzt werden. Es empfehlen sich besonders die Rohwürste und die Kochwürste. Denkbar wären auch gebratene Schweine- oder Kalbshaxen, gefüllte Braten oder Koteletts. Weitere Beispiele, die für eine rustikale Platte in Frage kommen, sind glasierte Hähnchenkeulen oder sogar halbe gebratene Hähnchen, ganze geräucherte Forellen, Aalstücke oder Makrelen.

Rustikale Platte

Sie benötigen für 4 Personen:

400 g grobe Leberwurst
400 g weißer Preßsack
400 g roter Preßsack
400 g Zwiebelsalami
1 kleine Cabanozzi
2 kleine Mettwürstchen
2 Kalbfleischwürstchen
2 Regensburger

Außerdem:

1 rote und 1 grüne Paprikaschote
1 Bund Petersilie
1 Tomate
1 Zwiebel
1 Bund Radieschen

So wird's gemacht:

1. Von der Leberwurst, den Preßsacksorten, der Salami und der Cabanozzi 4 bis 5 Scheiben abschneiden.
2. Die restlichen Stücke auf einem rustikalen Holzbrett anrichten.
3. Die Scheiben im Verlauf der entsprechenden Sorten dekorativ auf die Platte legen.
4. Als Blickfang die Paprikaschoten, die Mettwürstchen, die Kalbfleischwürstchen und die Regensburger auf das obere Ende der Platte anrichten.
5. Mit den Petersilienzweigen, den Zwiebelringen, den Tomaten und den Radieschen ausgarnieren und servieren.

Vorbereitungszeit: 5 Minuten.
Zubereitungszeit: 5 Minuten.

Die festliche Platte

Grundsätzlich gilt für diesen Plattentyp, daß nur Produkte verwendet werden, die nicht alltäglich sind. Hummer, Langusten, Krebse, Lachs oder Seezungen sind die Vertreter für das Fischreich. Filets oder Medaillons vom Rind, Kalb, Schwein, Wild oder Geflügel werden vom Fleisch bevorzugt. Angerichtet werden diese Zutaten auf Platten aus Silber, Cromargan oder edlem Porzellan und Marmor.

Garnierte Languste mit Flußkrebsen

Sie benötigen für 4 Personen:

1 mittelgroße Languste, etwa 1,5 kg
8 mittelgroße Flußkrebse
1½ l Wasser
1 l lieblichen Weißwein
½ Tasse Obstessig
2 gespickte Zwiebeln
2 Bund Suppengrün
1 EL schwarze Pfefferkörner
2 EL Salz
1 TL Zucker

Außerdem:

6 hartgekochte Eier
50 g Butter oder Margarine
1 EL mittelscharfen Senf
Salz
weißen Pfeffer aus der Mühle
1 Spritzer Worcestersoße
2 EL gehackte Petersilie
1 Glas Ketakaviar
Weintrauben
Kiwis
Trüffelscheiben
Kräuterzweige

So wird's gemacht:

1. Wenn die Languste und die Krebse tiefgefroren sind, diese über Nacht in den Kühlschrank stellen und langsam auftauen lassen.
2. Das Wasser, den Weißwein, den Obstessig, die gespickte Zwiebel und das Suppengrün in einen Topf geben.
3. Die Gewürze dazugeben und alles zum Kochen bringen.
4. Die Languste dazugeben, bei mittlerer Hitze 30 Minuten köcheln lassen.
5. 15 Minuten vor Garende die Flußkrebse ebenfalls dazugeben.
6. In der Zwischenzeit die hartgekochten Eier halbieren, das Eigelb heraustrennen.
7. Das Eigelb durch ein Sieb streichen, mit der Butter oder Margarine und dem Senf glattrühren.
8. Mit Salz, Pfeffer und Worcestersoße abschmecken und die gehackten Kräuter unter die Creme ziehen.
9. Die Creme in die Eihälften spritzen.
10. Mit dem Ketakaviar verzieren und zum Garnieren bereitstellen.
11. Die Languste und die Flußkrebse herausnehmen und erkalten lassen.
12. Mit einer Küchenschere die Unterseite der Languste aufschneiden und das Fleisch vorsichtig herauslösen.
13. Das Langustenfleisch in Scheiben schneiden.
14. Die Languste auf einer Platte anrichten, die Flußkrebse rundherum drapieren und mit den Eihälften garnieren.
15. Die Langustenscheiben auf den Rücken der Languste legen, mit Weintrauben, Kiwischeiben, Trüffelscheiben und den Kräuterzweigen ausgarnieren und servieren.

Vorbereitungszeit, ohne Kochzeit: 15 Minuten
Zubereitungszeit: 10 Minuten.

Die kleine Buffetkunde

Sicherlich ist schon vieles über dieses Thema geschrieben worden. Doch es ist einfach wichtig, die grundsätzlichen Kniffe und Tricks zu beherrschen, um auch die verwöhntesten Gäste zu befriedigen. Gerade bei der Planung einer kalten Platte oder eines kalten Buffets ist die Zusammenstellung, der Einkauf und die Zeiteinteilung unerläßlich. Stellen Sie sich als erstes einen Einkaufsplan zusammen, bei dem Sie genau festlegen, was Sie auf Ihrer Platte oder, für den großen Rahmen, auf Ihr Buffet bringen wollen. Denken Sie schon im Geiste daran, wie Sie es garnieren und servieren wollen. Die Abwechslung Ihres Speiseangebots ist ein entscheidender Faktor. Denken Sie an die pikanten Soßen, Dips, an Essiggemüse, an die verschiedenen Brot- und Buttersorten, an das vielfältige Wurst-, Fleisch- und Käseangebot, an die zahlreichen Früchte und Gemüsesorten, ob exotische oder heimische; es bedarf überall eines sinnvollen Einkaufs und einer gezielten Auswahl.
Damit Sie es mit der Planung einfacher haben, stellen Sie Ihr Buffet unter ein besonderes Motto. Denkbar sind zum Beispiel: deftiges Bierbuffet, Rheingauer Weinbuffet, rustikales Brotzeitbuffet, erlesenes Champagnerbuffet oder Fitnessbuffet, um nur einige zu nennen. Damit grenzen Sie dann auch schon die Dekorationselemente ab und können als Blickfang die entsprechenden Requisiten beschaffen.
Da wären dann für das Bierbuffet ein altes Bierfaß oder ein dekoratives Pferdekummet, für das Weinbuffet ein Weinfaß oder eine große Korbflasche, für das Champagnerbuffet ein Arrangement aus einem edlen Kerzenständer und erlesenen Früchten. Und »last but not least« für das Fitnessbuffet ein buntes Gesteck aus Frühlingsblumen. Wichtig bei den großen und kleinen Blickfängen ist immer, daß sie dominant aufgebaut und die Speisenarrangements im Verlauf an beiden Seiten plaziert werden. Trotzdem darf ein Blickfang nicht behindern. Das Buffet muß gut zugänglich sein, damit auch alle Platten leicht zu erreichen sind. Auch für das gesamte Farbenarrangement ist das Motto wichtig, und wer da seine Schwierigkeiten hat, sollte sich an die Faustregel »Ton in Ton« halten.
Wer es mit diesen Blickfängen einfacher haben will, der kann sie sich auch bei einem Spaziergang im Wald besorgen. Wenn man etwas aufmerksam ist, findet man dort schön geformte Wurzeln oder knorrige Äste, Farne, Gräser, Zweige, zarte Blüten oder Ähren. Auch der Garten bietet solche Dekorationselemente.
Denken Sie immer daran: Je liebevoller Sie eine solche Tafel

schmücken, um so mehr Beifall werden Sie bekommen. Sie steigern damit die Eß- und Trinkgenüsse, und jeder Gast wird Sie aufgrund Ihrer Einfälle bewundern. Ein kleines bißchen einschränken möchte ich diese Arrangements doch. Sie sollten nicht die Speisen erdrücken. Etwas Einfühlungsvermögen sollten Sie schon besitzen, um damit nicht das Buffet zu überladen, denn allzuviel ist ebenso schlecht wie allzuwenig.
Das Motto, das Sie sich gestellt haben, gilt auch für die Unterlagen, die Platten oder Schüsseln. Auch diese Elemente müssen in das Buffet passen. Für die rustikalen Aufbauten eignen sich natürlich die großen Holzplatten und Holzteller. Doch läßt sich auch auf einer schräggeschnittenen oder runden Baumscheibe ein dekoratives Element aufbauen. Sie müssen nur darauf achten, daß diese Holzscheiben peinlichst sauber und vorher schon mit einem Lebensmittellack behandelt worden sind. Ebenso eignen sich Naturstein- oder Schieferplatten. Platten und Schüsseln aus dickem Porzellan sind auch denkbar. Im Gegensatz dazu werden festliche Arrangements in erster Linie auf Cromargan oder Silber angerichtet. Sehr dekorativ und einfach zugleich ist es, runde oder eckige Holzplatten mit Lackfolie zu bespannen. Dabei können Sie sich dann auch Farbtöne auswählen, die nicht alltäglich sind, aber dafür ein sehr interessantes Erscheinungsbild für Ihr Buffet geben.
Schiefer- oder Marmorplatten sind ebenfalls für die feinen Aufbauten zu empfehlen. Fragen Sie doch ganz einfach einmal bei Ihrem Steinmetz, ob er nicht solche Stücke als Abfallprodukt hat. Diese Platten werden dann nur noch kräftig abgeschrubbt, getrocknet und mit Speiseöl öfters bepinselt. Das Besteck, die Teller, die Gläser und die Servietten gehören nicht direkt auf die Platte oder das Buffet. Ein kleiner Beistelltisch wirkt da Wunder und stört nicht den Eindruck Ihres doch liebevoll angerichteten Arrangements. Ebenso sollten Sie die Getränke nicht im direkten Umfeld aufbauen, außer, es handelt sich um spezielle Bowlen oder Mixgetränke, die als Aperitif, Zwischengetränk oder Degestif gedacht sind.
Wenn Sie Ihre Platten auf einem Buffet angerichtet haben, dann vergessen Sie nicht, eine Abstellmöglichkeit für die gebrauchten Teller und Gläser zu schaffen. Auch hier hilft ein gesonderter Tisch. Einfacher für Sie wird es aber mit einem Servierwagen, den Sie, wenn er voll ist, einfach in Ihre Küche schieben.

Garnieren und Verzieren

Was Sie außer ein paar einfachen Gerätschaften für die kalte Küche benötigen, sind ganz einfach Phantasie und ein bißchen Geschicklichkeit, die Sie sich aber durch etwas Übung schnell aneignen werden.

Das Handwerkszeug
Sie benötigen:
1 großes Küchenmesser mit Säge;
1 großes, möglichst dünnes, langes Filiermesser;
1 Küchenmesser mit mittellanger, gerader Klinge;
1 kleines Schälmesser;
1 Rundmesser;
Eierschneider für Scheiben und Viertel;
Buttermodel oder Butterbrettchen;
verschiedene Ausstechformen;
1 Kugelausstecher;
Spritzbeutel mit verschiedenen Tüllen;
1 Küchenschere.
Bestimmt sind die meisten dieser Geräte schon in Ihrem Haushalt vorhanden. Alle benötigen Sie ja auch nicht, denn mit jedem dieser Teile läßt sich schon eine Vielzahl von Garnituren anfertigen.

Obst- und Gemüsescheiben
Die einfachste Art, eine Garnitur herzustellen, besteht darin, Obst und Gemüse, wie zum Beispiel Tomaten oder Zitronen, in Scheiben oder Viertel zu schneiden. Verschiedene Formen und Arten lassen sich dann schnell zu einfachen, aber doch wirkungsvollen Motiven anrichten.

Körbchen
Ein Tomatenkörbchen läßt sich sehr schnell herstellen und mit vielen dekorativen Elementen füllen, beispielsweise mit Kräuterzweigen oder kleinen Gemüsesorten, mit Krabben oder auch kleingeschnittenem Schinken. So gefüllt ist das Tomatenkörbchen ein kleiner Blickfang auf Teller und Platte.
Die Tomate wird dabei im Abstand von 1 Zentimeter von oben 2mal senkrecht bis zur Hälfte durchgeschnitten. Mit 2 waagerechten Schnitten werden die beiden Ecken herausgetrennt. Nun muß die Tomate mit einem Teelöffel oder einem kleinen Messer ausgehölt werden.

Stern
Sterne lassen sich mit allen runden Früchten und Gemüsen herstellen. Der Tomatenstern soll unser Beispiel sein. Mit einem kleinen, spitzen Messer wird die Tomate rundherum zickzackförmig eingeschnitten, und zwar bis zur Mitte hin. Wenn sich die Schnitte schließen, müssen Sie die Tomate nur noch leicht gegeneinanderdrehen und schon haben Sie 2 Sterne.

Spirale und Tütchen
Dünne Frucht- oder Gemüsescheiben werden bis zur Mitte eingeschnitten und lassen sich dann zu einer Spirale drehen oder mit Hilfe eines Zahnstochers zu einem Tütchen formen.

Garnierte Früchte
Runde Früchte und Gemüse werden von oben nach unten in gleichmäßige Achtel geschnitten, und zwar so, daß sie an der Unterseite noch zusammenhängen. In die entstehenden Öffnungen werden dann sehr dünne Scheiben von anderen Früchten gesteckt. Die obere Öffnung wird mit Kräutern oder wieder anderen Früchten ausgarniert.

Röschen
Eine Rose läßt sich aus der dünnen, geschnittenen Schale von Zitronen, Orangen, Tomaten, Äpfeln oder auch von exotischen Früchten herstellen. Dabei schneidet man von der Frucht zuerst eine Haube ab. Dann wird die Schale etwa 1 Zentimeter dick spiralförmig abgeschält. Hierfür sollten Sie ein sehr scharfes kleines Küchenmesser verwenden.

Fächer, Besen
Eine Gurke in Fächer zu schneiden, das gehört sicher auch für Sie schon zur Routine. Aber genauso einfach ist es, Fächer aus Karotten, Lauch und Frühlingszwiebeln herzustellen. Wenn Sie den Lauch oder die Zwiebeln dann anschließend ½ Stunde in kaltes Wasser legen, so quellen sie aus, und dies ergibt sehr interessante Formen, die sich bestens für die Garnitur eignen.

Radieschenrosen
Radieschenrosen erhalten ihre richtige Blütenform ebenfalls erst dann, wenn sie geschnitten ins kalte Wasser gelegt werden. Bei der Herstellung kommt es etwas auf Ihr Talent an: Die Radieschen mit einem kleinen Messer vierteln, aber nicht auseinanderschneiden. Die Viertel dann nochmals halbrund einschneiden.
Man kann die Rose aber auch anders herstellen: Die Schale mit dem Messer blütenartig dünn bis zur Hälfte des Radieschens abschneiden. Den Kern dann nochmals einkerben.
Nach dem Formen müssen auch diese Radieschen im Wasser ausquellen.

Ausgestochene Formen
Was Sie alles mit einem Ausstecher anfangen können, hängt natürlich von der Form ab. Die Produkte, die Sie ausstechen, müssen nur einigermaßen fest sein. Gemüse, wie Karotten, Rettich, Gurken oder Zucchini eignen sich ebenso wie in Scheiben geschnittene Früchte oder Wurst- und Käsescheiben.

Spießchen
Eine weitere einfache Garnitur sind aufgespießte kleine Köstlichkeiten. Früchte, wie Weintrauben, Erdbeeren, Kirschen, Mandarinenfilets oder Kiwiwürfel, süßsaures Gemüse, Wurströllchen, Käsewürfel oder gefüllte Oliven werden auf Zahnstocher oder andere Holzspießchen gesteckt.

Gespritzte Garnitur
Die gespritzten Garnituren sind ein Kapitel für sich, doch mit etwas Geschicklichkeit lassen sich auch hier sehr schnell schöne Dekorationen herstellen. Achten Sie darauf, daß die Masse im Spritzbeutel möglichst glatt und ohne Luftblasen ist, damit Sie beim Spritzen nicht absetzen müssen. Den Spritzbeutel mit beiden Händen halten, dabei umschließt eine Hand den Beutel, die andere führt die Tülle.

Blumen, Blüten
Blätter kann man ohne große Schwierigkeiten aus Gemüsestreifen schneiden. Für die Blüten werden ausgestochene oder halbierte Karotten- oder Fruchtscheiben verwendet, die man um eine Eischeibe dekorativ anrichtet. Blätter und Blüten werden dann zu einer dekorativen Blume zusammengesetzt.

Die Blickfänge

Was die kleinen Garniturelemente für die einzelnen Platten und Teller sind, das sind die dekorativen Blickfänge für das Buffet oder eben für die großen Platten. Diese werden ausschließlich aus Lebensmitteln hergestellt. Sie sollen der Platte ein Bild verleihen, an das sich der Betrachter auch Tage später noch erinnert.
Genauso wichtig wie diese Dekoration ist die Tatsache, daß ausgefallene Garnierungselemente immer ein Gag sind. Im folgenden versuchen wir einige Anregungen zu geben, die, wie wir meinen, nicht alltäglich sind.
Für die großen Garnituren eignen sich auch die großen Früchte am besten. Ananas und Melonen lassen sich ausgezeichnet füllen, wobei die Füllung ganz nach Ihrem Geschmack sein kann. Ob Fruchtsalat, Käsesalat oder Wurstsalat, nur bunt sollte er sein.
Große Früchte- und Gemüsesorten kann man auch halbieren und mit in Scheiben geschnittenen Zutaten dekorieren. Dies können zum Beispiel Eischeiben, Kiwischeiben, Gemüsescheiben, die Scheiben von Zitrusfrüchten oder auch ganz einfach halbierte Trauben sein. Eine besondere Krone wird dann mit Frischkäsecreme und Kräutern aufgesetzt.
Kleine Geheimnisse dürfen versteckt werden. So können Sie einen Muschelcocktail oder ein kaltes Süppchen in eine mit Blätterteig überbackene Kokosnuß füllen.
Ebenso schön wie dekorativ sind abgedeckte, gefüllte Tomaten, Paprikaschoten, kleine Melonen oder große Kartoffeln.
Eine attraktive Sache ist auch ein Gemüse- oder Obstbukett. Dafür wird ein Unterbau geformt. Er kann aus Alufolie oder einem anderen formbaren Material bestehen. Darauf werden mit Zahnstochern die Gemüse und Fruchtarten gesteckt. Ausgarniert wird mit Sellerielaub oder Petersilienzweigen. Für das Bukett können ganze oder bearbeitete Produkte verwendet werden. Sie sollen aber sorten- und formgleich aufgesteckt werden.
Sehr beliebt und schnell als Garnitur verwendbar sind die verschiedenen Mürbeteigförmchen. Schiffchen oder Törtchen kann man beim Konditor oder beim Bäcker um die Ecke schon für ein paar Pfennige kaufen. Auch hier kommt es natürlich auf die Füllung an. Doch dafür kann man sie sowohl für deftige oder feine als auch für die süßen Platten verwenden.
Kartoffelkörbchen sind sehr einfach in der Herstellung, haben aber einen besonderen Effekt, wenn sie mit Salaten gefüllt werden. Das Dressing wird dabei separat gereicht. Für die Körbchen werden die mehligen Kartoffeln streichholzfein geraspelt. Zum Ausbacken gibt es dafür ein spezielles Doppelsieb mit einem langen Griff. Das untere Sieb wird mit den Kartoffelraspeln bis an die Seiten gefüllt und das zweite Sieb fest daraufgedrückt. Anschließend werden die Körbchen im schwimmenden Fett goldgelb gebacken.
Für Fischplatten sind große Muscheln, die mit Kräutern, Früchten oder mit Meeresfrüchten gefüllt werden, immer ein interessanter Blickfang. Denken Sie gerade beim Thema Fisch auch an die dekorativen Hummern, Langusten oder Krebse. Das Fleisch wird vorsichtig ausgelöst und verarbeitet. Der Körper dieser Tiere hat aber seinen besonderen Reiz auf dem Buffet oder auf der Platte.
Als Abschluß dieses kleinen Kurses wollen wir Ihnen noch Faltmöglichkeiten für Servietten vorstellen. Einfach und schnell ist es, wenn Sie Papierservietten auseinanderlegen, die Serviette in der Mitte aufnehmen, leicht drehen und mit der Spitze in eine Sektflöte stecken.
Ein Serviettendreieck wird mit 2 Spitzen, der linken und der rechten, ineinandergesteckt und so aufgestellt.
Eine Papierserviette wird ziehharmonikaartig zusammengelegt und mit einem Ende in eine Gabel gesteckt, damit ein Fächer entsteht.
Anstatt der Serviettenringe kann man die Serviette auch mit Geschenkband umbinden und ein Blümchen oder eine andere Kleinigkeit hindurchstecken. Als persönliches Geschenk wird diese Geste der Gast bestimmt schätzen.

Butter und Schmalz gehören dazu

Bekanntlich ist die Butter einer der Geschmacksträger der modernen Küche. In der kalten Küche hat die Butter mehrere Bedeutungen. Außer für Garniturzwecke wird die Butter zur Festigung von Cremes verwendet. Gewürzte und gemischte Butter läßt sich ebenfalls nicht mehr wegdenken. Zuerst geben wir Ihnen aber einen kleinen Überblick über die Möglichkeiten, Butter für Garniturzwecke einzusetzen.

Vorschlag 1
Mit einem großen Kugelausstecher werden Kugeln geformt, die mit einem Buttermodel gedreht werden und so ein dekoratives Muster erhalten.

Vorschlag 2
Die gemusterten Butterkugeln werden zu einer Traube zusammengelegt und mit aus Butter geformten Blättern oder echten Blättern ausgarniert.

Vorschlag 3
Schneiden Sie die Butter in 1 Zentimeter dicke Scheiben, mit den verschiedenen Ausstechern lassen sich dann die gewünschten Formen ausstechen.

Vorschlag 4
Mit dem bekannten Buttermesser werden Rollen oder Kugeln von der Butter abgeschabt und dekorativ auf Salatblättern angerichtet.

Vorschlag 5
Die Butterrose läßt sich auf verschiedene Arten herstellen. Eine Möglichkeit ist es, mit einem Löffel eine dünne, lange Rolle abzuschaben und daraus eine Rose zu formen.
Eine andere Möglichkeit ist, eine große Kugel mit dem Messer so zu schneiden, daß eine Rose entsteht. Bei der dritten Art werden flachgedrückte Kugeln einfach zu Blüten zusammengesetzt.

Vorschlag 6
Große Künstler unter den Profiköchen modellieren sogar mit Butter. Es ist keine leichte Kunst. Wenn Sie es trotzdem einmal versuchen wollen, müssen Sie auf die richtige Temperatur der Butter achten. Sie soll leicht verformbar sein und nicht zu hart. Die Raumtemperatur soll nicht zu hoch sein, da die Butter sonst bei der Bearbeitung zu weich wird. Am besten gelingt diese Kunst in einem sehr kühlen Raum.
Die Figuren werden, wenn sie fertig sind, in die Tiefkühltruhe gestellt, damit die Butter sehr hart wird und nicht »zu laufen« beginnt.
Bevor wir zu einigen Butter- und Schmalzmischungen kommen, noch ein kleiner Tip. Servieren Sie die Butter immer gut gekühlt, aber nicht zu hart. Es ist unangenehm, wenn zu harte Butter auf ein feines Brot gestrichen wird und das Brot dann reißt.

Schnelle Kräuterbutter

Sie benötigen für 4 Personen:

250 g Butter
je 1 EL Schnittlauch, Petersilie und Kerbel
1 EL mittelscharfen Senf
½ TL Salz

So wird's gemacht:

1. Die Butter in einer Schüssel schaumig rühren.
2. Die gehackten Kräuter und den Senf unterrühren.
3. Mit Salz abschmecken.
4. In Förmchen füllen und servieren.

Zubereitungszeit: 5 Minuten.

Weinbrandbutter

Sie benötigen für 4 Personen:

250 g Butter
1 Bund Petersilie
2 cl Weinbrand
Salz
weißen Pfeffer aus der Mühle

So wird's gemacht:

1. Die Butter in einer Schüssel mit der feingehackten Petersilie und dem Weinbrand schaumig rühren.
2. Mit Salz und Pfeffer abschmecken.
3. In Förmchen füllen und servieren.

Zubereitungszeit: 5 Minuten.

Sardellenbutter

Sie benötigen für 4 Personen:

250 g Butter
4 EL Sardellenpaste
½ Bund Schnittlauch
2 cl Weinbrand
Salz
weißen Pfeffer aus der Mühle

So wird's gemacht:

1. Die Butter in eine Schüssel geben und mit der Sardellenpaste schaumig rühren.
2. Den feingeschnittenen Schnittlauch und den Weinbrand untermischen.
3. Mit Salz und Pfeffer abschmecken.
4. In Förmchen füllen und servieren.

Zubereitungszeit: 5 Minuten.

Orangenbutter

Sie benötigen für 4 Personen:

250 g Butter
2 EL Orangengelee
1 TL geriebene Orangenschale
Salz
weißen Pfeffer aus der Mühle
4 cl Orangenlikör

So wird's gemacht:

1. Die Butter mit dem Orangengelee und der Orangenschale in einer Schüssel schaumig rühren.
2. Mit Salz, Pfeffer und dem Orangenlikör würzen.

Zubereitungszeit: 5 Minuten.

Italienische Käsebutter

Sie benötigen für 4 Personen:

250 g Butter
2 EL feingeriebenen Parmesankäse
1 Bund Petersilie
Salz
weißen Pfeffer aus der Mühle
2 cl Orangenlikör

So wird's gemacht:

1. Die Butter mit dem Parmesankäse und der feingehackten Petersilie in einer Schüssel schaumig rühren.
2. Mit Salz, Pfeffer und Orangenlikör würzen.
3. In Förmchen füllen und servieren.

Zubereitungszeit: 5 Minuten.

Apfelschmalz

Sie benötigen für 4 Personen:

250 g Schweineschmalz
1 kleinen Apfel
1 kleine Zwiebel
½ Bund Schnittlauch
Salz
weißen Pfeffer aus der Mühle
1 Prise Zucker

So wird's gemacht:

1. Das Schmalz in einem Topf erhitzen und den geschälten, feingeriebenen Apfel und die feingeriebene Zwiebel dazugeben.
2. Kurz erhitzen, vom Herd nehmen und erkalten lassen.
3. Den feingeschnittenen Schnittlauch unterrühren.
4. Mit Salz, Pfeffer und Zucker abschmecken.

Vorbereitungszeit: 5 Minuten.
Zubereitungszeit: 5 Minuten.

Zwiebelschmalz

Sie benötigen für 4 Personen:

250 g Schweineschmalz
50 g gekochten Schinken
1 Bund Frühlingszwiebeln
1 Bund Schnittlauch
Salz
schwarzen Pfeffer aus der Mühle
1 Prise Zucker

So wird's gemacht:

1. Das Schweineschmalz in einen Topf geben.
2. Mit dem feingehackten Schinken und den in sehr dünne Streifen geschnittenen Frühlingszwiebeln erhitzen.
3. Vom Feuer nehmen.
4. Den feingeschnittenen Schnittlauch untermischen.
5. Mit Salz, Pfeffer und Zucker abschmecken.

Vorbereitungszeit: 5 Minuten.
Zubereitungszeit: 5 Minuten.

Brot darf nicht fehlen

Das Brot ist eines unserer wichtigsten Nahrungsmittel. Schon sehr früh in der Geschichte der Menschen waren die verschiedenen Kornmischungen, die auf heißen Steinen oder über dem Feuer gegart wurden, Hauptbestandteil der Nahrung.
Aus der Geschichte ist uns überliefert, daß das Brotbacken eigentlich das Privileg der Frauen war. Erst als nicht mehr nur für die eigene Familie gebacken wurde, nahmen die Herren der Schöpfung auch dieses Geschäft in die Hand.
Im alten Ägypten war die Kunst des Brotbackens schon so weit entwickelt, daß die Hausfrauen in dieser Zeit unter etwa 20 verschiedenen Sorten wählen konnten. Heute gibt es bei uns weit über 200 verschiedene Sorten.
Brot ist nicht nur seines oft unterschiedlichsten Geschmacks wegen beliebt, es läßt sich sehr leicht und einfach in den täglichen Menüplan einbauen.
Aufgrund seiner Zusammensetzung ist Brot auch sehr gesund. Gerade grobkörnige Sorten unterstützen die Verdauung und sind reich an Vitaminen. Besonders der Vitamin B_1-Haushalt wird in unserer Ernährung durch das Brot abgedeckt.
Brot ist auch kein sogenannter Dickmacher. Das gilt wie bei so vielen anderen Produkten auch nur dann, wenn man zuviel und nicht das richtige ißt. Zu sehr ausgemahlene Brotsorten haben oft keinen Pfiff. Sie werden daher kräftig belegt, und das sind dann die Kalorien.
In Deutschland werden hauptsächlich Weizen und Roggen für das Brot verarbeitet. Da der Brotteig eine Stimulanz braucht, werden in erster Linie drei Triebmittel verwendet und dies sind die Hefe, das Backpulver und der Sauerteig.
Für das Brotbacken zu Hause erhalten Sie im Handel zwei Hefesorten, die als Preßhefe oder als Trockenhefe angeboten werden.
Das Backpulver ist Ihnen sicherlich bekannt. Es besteht meist aus Natron und Weinstein. Den Sauerteig gibt es heute schon fertig zu kaufen. Fragen Sie doch ganz einfach Ihren Bäcker um die Ecke.
Beim Sauerteig wirken Milchsäurebakterien und Sauerteighefen als Triebmittel. Er ist das älteste Lockerungsmittel beim Brotbacken.
Gerade für ein Buffet ist es natürlich schön, wenn Sie auch hausgemachtes Brot servieren. Doch wenn Sie sich nicht diese Mühe machen wollen, es gibt sicher bei der Auswahl an Brotsorten auch einige für Sie.
Für das Buffet ist es ohnehin erforderlich, ein breitgefächertes Sortiment bereitzustellen. Ob es die deftigen Graubrote, die Vollkornbrote, die Weißbrote oder ob es Brötchen, Brezeln und andere kleine und große Brotspezialitäten sind, der Kauf ist abhängig vom Motto und dem Speiseangebot, das Sie ausgewählt haben.
Um Brot richtig aufzubewahren, ist es wichtig, es kühl und luftig zu lagern. Dafür gibt es extra Keramikoder spezielle Brotbehälter. Eine andere Möglichkeit ist es, das Brot in Alufolie zu wickeln und in den Kühlschrank ins Gemüsefach zu legen. In Plastikbeutel gepackt, fängt das Brot nur an zu schimmeln, da sich die Feuchtigkeit darin staut. Grundsätzlich gilt, daß Roggenmehlbrote länger haltbar sind als Weißmehlbrote. Wer Brot für längere Zeit aufbewahren will, sollte es portionieren, in Folie verpacken und anschließend in die Tiefkühltruhe oder im Tiefkühlfach einfrieren. Portioniert ist es dann auch für den schnellen Verbrauch sehr geeignet.
Wer es doch einmal versuchen will, sein eigenes Brot zu backen, der sollte einfach einmal unser schnelles Gewürzbrot ausprobieren.

Dazu benötigt man:

- ½ l Buttermilch
- 1 Päckchen Trockenhefe
- 1 EL Honig
- 1 TL Salz
- 1 TL Kümmel
- 1 TL Koriander
- 1 TL Sesam
- 625 g gemischtes frischgemahlenes Roggen- und Weizenmehl aus dem Reformhaus

So wird's gemacht:

1. Die lauwarme Buttermilch in eine Rührschüssel geben.
2. Die Trockenhefe und den Honig dazugeben und zugedeckt an einem warmen Ort 10 Minuten gehen lassen.
3. Das Salz, die mit dem Mörser zerstoßenen Gewürze und das Mehl dazugeben und alles etwa 3 Minuten mit dem Rührgerät rühren.
4. Eine Brotbackform ausfetten und den Teig hineingeben.
5. Nochmals 30 Minuten gehen lassen.
6. Anschließend in den auf 200 Grad vorgeheizten Backofen schieben und etwa 60 Minuten backen.
7. Herausnehmen und erkalten lassen.

Vorbereitungszeit: 45 Minuten.
Backzeit: 60 Minuten.

Kleine Köstlichkeiten, Snacks und Gaumenkitzler

Eigentlich ist es manchmal erstaunlich, wie mager das Repertoire für diese kleinen Happen in den Haushalten oder sogar in Profiküchen ist.
Dabei ist es doch ganz einfach, mit etwas Phantasie und Geschick Köstliches zu zaubern.
Lassen Sie sich durch die Vorschläge auf den folgenden Seiten inspirieren, und versuchen Sie es ganz einfach einmal.

Canapé für Feinschmecker

Sie benötigen für 4 Personen:

1 Schweinefilet, etwa 500 g
Salz
schwarzen Pfeffer aus der Mühle
1 EL getrocknetes Basilikum
Fett zum Anbraten

Für den Belag:

100 g Sellerie
1 Karotte
1 Apfel
Saft von 1 Zitrone
2 EL Crème fraîche
1 EL Mayonnaise
1 TL grüne Pfefferkörner
1 EL geriebene Walnüsse
4 cl Weinbrand
1 Prise Zucker

Außerdem:

8 Toastbrotscheiben
Walnußhälften
Basilikumzweige

So wird's gemacht:

1. Das Schweinefilet salzen, pfeffern und mit Basilikum einreiben.
2. Das Fett in einer Pfanne erhitzen und das Schweinefilet darin braten.
3. Herausnehmen, in Alufolie wickeln und erkalten lassen.
4. In der Zwischenzeit den Sellerie und die Karotte putzen, den Apfel schälen und alles grob raspeln.
5. Den Zitronensaft mit der Crème fraîche, der Mayonnaise, den Pfefferkörnern und den Walnüssen verrühren und das Gemüse damit anmachen.
6. Mit Weinbrand aromatisieren und mit Zucker leicht süßen.
7. Aus den Toastbrotscheiben 8 große runde Canapés ausstechen.
8. Unter dem Grill oder im Ofen goldgelb rösten.
9. Den Gemüsesalat darauf gleichmäßg verteilen.
10. Das Schweinefilet in dünne Scheiben schneiden, auf das Gemüse legen.
11. Mit Walnußhälften und Basilikumzweigen garnieren und servieren.

Vorbereitungszeit: 15 Minuten.
Zubereitungszeit: 10 Minuten.

Canapé mit geräuchertem Forellenfilet

Sie benötigen für 4 Personen:

4 geräucherte Forellenfilets
8 Scheiben Toastbrot
Butter oder Margarine

Für die Creme:

½ Becher Sahne
½ Päckchen Sahnesteif
1 EL Meerrettich
Salz
weißen Pfeffer aus der Mühle

Außerdem:

Salatblätter
Tomatenscheiben
Kräuterzweige
2 EL Preiselbeeren

So wird's gemacht:

1. Die Forellenfilets enthäuten und halbieren.
2. Aus dem Toastbrot 8 große runde Canapés ausstechen, mit Butter oder Margarine gleichmäßig bestreichen.
3. Die Sahne mit dem Sahnesteif steifschlagen, den Meerrettich vorsichtig untermischen, mit Salz und Pfeffer würzen.
4. Die Canapés zuerst mit einem Salatblatt belegen und anschließend die halbierten Forellenfilets darauf verteilen.
5. Je eine Tomatenscheibe auf die Filets legen und die Meerrettichcreme daraufspritzen.
6. Mit Kräuterzweigen und den Preiselbeeren garnieren und servieren.

Vorbereitungszeit: 10 Minuten.
Zubereitungszeit: 5 Minuten.

Canapé mit Lachs und Dillcreme

Sie benötigen für 4 Personen:

Für die Creme:

100 g Doppelrahm-Frischkäse
1 EL frisch geriebenen Meerrettich
1 TL scharfen Senf
Salz
weißen Pfeffer aus der Mühle
1 Prise Zucker
2 cl Orangenlikör
1 Bund Dill

Außerdem:

8 Scheiben Weißbrot
Butter oder Margarine
400 g geräucherten Lachs
Radicchioblätter
Dillzweige
Mandarinenfilets

So wird's gemacht:

1. Den Frischkäse mit dem Meerrettich und dem Senf glattrühren.
2. Mit Salz, Pfeffer und Zucker würzen.
3. Mit dem Orangenlikör aromatisieren und den feingehackten Dill unterziehen.
4. Aus den Weißbrotscheiben 8 große runde Canapés ausstechen und mit Butter oder Margarine bestreichen.
5. Mit den Radicchioblättern und dem Lachs belegen.
6. Die Dillcreme darauf verteilen.
7. Mit Dillzweigen und Mandarinenfilets garnieren und servieren.

Vorbereitungszeit: 15 Minuten.
Zubereitungszeit: 5 Minuten.

Canapé mit Käsecreme und Kaviar

Sie benötigen für 4 Personen:

2 Ecken Doppelrahm-Frischkäse
1 kleine Zwiebel
3 EL Sahne
Saft von 1 Limette
2 cl Orangenlikör
1 Bund Petersilie
Salz
weißen Pfeffer aus der Mühle
8 Scheiben Toastbrot
Butter oder Margarine
Radicchioblätter
1 Glas Ketakaviar
1 Limette oder 1 kleine Zitrone
einige Dillzweige

So wird's gemacht:

1. Den Frischkäse mit der feingehackten Zwiebel, der Sahne, dem Limettensaft und dem Orangenlikör glattrühren.
2. Die feingehackte Petersilie untermischen, mit Salz und Pfeffer abschmecken.
3. Aus dem Toastbrot 8 große runde Canapés ausstechen und mit Butter oder Margarine bestreichen.
4. Mit den Radicchioblättern belegen und die Käsecreme aufspritzen.
5. Mit dem Ketakaviar, einer halbierten Limetten- oder Zitronenscheibe und einigen Dillzweigen garnieren und servieren.

Vorbereitungszeit: 10 Minuten.
Zubereitungszeit: 5 Minuten.

Husumer Krabbencanapé

Sie benötigen für 4 Personen:

3 Eier
4 EL Weißwein
Salz
weißen Pfeffer aus der Mühle
1 Prise Muskat
2 EL frisch gehackten Dill
2 EL frisch geschnittenen Schnittlauch
1 EL frisch gehackte Petersilie
4 EL Butter oder Margarine

Außerdem:

250 g Krabben
Saft von 1 Zitrone
2 cl Weinbrand
8 Scheiben Vollkornbrot
Butter oder Margarine
Salatblätter
Tomatenröschen
Kresse
Kräuterzweige

So wird's gemacht:

1. Die Eier mit dem Weißwein verschlagen.
2. Mit Salz, Pfeffer und Muskat würzen.
3. Die gehackten Kräuter unterziehen.
4. Einen Eßlöffel Fett in einer Pfanne erhitzen und die Eier darin unter ständigem Rühren stocken lassen.
5. Die Krabben unter fließendem Wasser abwaschen, trockentupfen, mit Zitronensaft und Weinbrand marinieren.
6. Aus dem Vollkornbrot Canapés ausstechen und mit Butter oder Margarine bestreichen.
7. Die Canapés mit Salatblättern belegen und das Kräuterrührei darauf gleichmäßig verteilen.
8. Die Krabben daraufgeben, mit Tomatenröschen, Kresse und anderen Kräuterzweigen garnieren und servieren.

Vorbereitungszeit: 10 Minuten.
Zubereitungszeit: 5 Minuten.

Canapé mit Lachsschinken und Sherrygelee

Sie benötigen für 4 Personen:

Für das Gelee:

- 1 Tasse trockenen Sherry
- 2 Blatt rote Gelatine

Außerdem:

- 8 Scheiben Weißbrot
- 80 g Kräuterbutter
- ½ Salatgurke in Scheiben
- 300 g Lachsschinken
- Mandarinenfilets
- Petersilienzweige
- frisch geriebenen Meerrettich

So wird's gemacht:

1. Den Sherry in einen Topf geben und leicht erhitzen.
2. Die gewässerte Gelatine darin auflösen, in ein entsprechendes Gefäß geben und im Kühlschrank erstarren lassen.
3. In der Zwischenzeit aus dem Weißbrot 8 große runde Canapés ausstechen.
4. Mit der Kräuterbutter gleichmäßig bestreichen und mit Salatgurkenscheiben belegen.
5. Den Lachsschinken darauf verteilen, mit Mandarinenfilets, Petersilie und dem frisch geriebenen Meerrettich garnieren.
6. Das Sherrygelee in kleine Würfel schneiden, auf den Canapés gleichmäßig verteilen und servieren.

Vorbereitungszeit: 15 Minuten.
Zubereitungszeit: 5 Minuten.

Vollkornbrot mit Kräuterquark

Sie benötigen für 4 Personen:

400 g Speisequark
½ Tasse Weißwein
1 Zwiebel
1 Bund Schnittlauch
½ Bund Petersilie
½ Bund Kerbel
½ Bund Zitronenmelisse
einige Spritzer Worcestersoße
Salz
weißen Pfeffer aus der Mühle
1 Prise Zucker
4 Scheiben Vollkornbrot
Butter oder Margarine

Außerdem:

Salatblätter
100 g geräucherten Lachs
1 gekochtes Ei
1 EL Mandelsplitter

So wird's gemacht:

1. Den Quark in einer Schüssel mit dem Weißwein glattrühren.
2. Die feingehackte Zwiebel mit dem geschnittenen Schnittlauch und den übrigen gehackten Kräutern unter den Quark arbeiten.
3. Mit Worcestersoße, Salz, Pfeffer und Zucker abschmecken.
4. Die Vollkornbrotscheiben mit Butter oder Margarine bestreichen und mit den Salatblättern belegen.
5. Den Kräuterquark darauf gleichmäßig verteilen.
6. Den Lachs in dünne Streifen schneiden und das Ei fein hacken.
7. Die Lachsstreifen, das gehackte Ei und die Mandelsplitter auf den Quark streuen und servieren.

Vorbereitungszeit: 10 Minuten.
Zubereitungszeit: 5 Minuten.

Tatarschnitten

Sie benötigen für 4 Personen:

400 g Tatar
2 Eidotter
4 kleine Essiggurken
1 Zwiebel
1 Glas Sardellenfilets
5 gefüllte Oliven
1 EL Kapern
½ TL grüne Pfefferkörner
1 Bund Schnittlauch
Salz
schwarzen Pfeffer aus der Mühle
1 TL Paprika, edelsüß
4 cl Weinbrand

Außerdem:

8 Vollkornbrotscheiben
Butter oder Margarine
Zwiebelringe
Petersiliensträußchen

So wird's gemacht:

1. Das Tatar mit den Eidottern in eine Schüssel geben.
2. Die Essiggurken und die Zwiebeln sowie die Sardellenfilets, die Oliven und die Kapern fein hacken.
3. Mit den Pfefferkörnern und dem feingeschnittenen Schnittlauch zum Fleisch geben und alles gut miteinander vermischen.
4. Mit Salz, Pfeffer und Paprika würzen und mit dem Weinbrand aromatisieren.
5. Die Vollkornbrotscheiben mit Butter oder Margarine bestreichen und das Tatar darauf gleichmäßig verteilen.
6. Mit Zwiebelringen und Petersiliensträußchen garnieren und servieren.

Vorbereitungszeit: 10 Minuten.
Zubereitungszeit: 5 Minuten.

Bauernbrot mit Schinkenpaste

Sie benötigen für 4 Personen:

200 g gekochten geräucherten Schinkenspeck
1 Zwiebel
1 kleine Dose Champignons
1 Bund Schnittlauch
Salz
weißen Pfeffer aus der Mühle
4 Scheiben Bauernbrot
4 TL Butter oder Margarine

Für die Garnitur:

Zwiebelringe mit Paprika
Zwiebelringe mit Petersilie

So wird's gemacht:

1. Den Schinkenspeck mit der Zwiebel und den Champignons durch die feine Scheibe des Fleischwolfes drehen.
2. Den feingeschnittenen Schnittlauch daruntermischen, mit Salz und Pfeffer abschmecken.
3. Die Bauernbrotscheiben mit Butter oder Margarine bestreichen und die Schinkenpaste darauf gleichmäßig verteilen.
4. Mit den Zwiebelringen garnieren und servieren.

Vorbereitungszeit: 10 Minuten.
Zubereitungszeit: 5 Minuten.

Apfel-Matjes-Brot

Sie benötigen für 4 Personen:

2 Äpfel
Saft von 1 Zitrone
1 Tasse Weißwein
4 Scheiben Graubrot
4 EL Butter oder Margarine
8 Matjesfilets

Außerdem:

1 Zwiebel
2 Essiggurken
4 EL Mayonnaise
2 EL Crème fraîche
einige Tropfen Essig
2 cl Weinbrand
Salz
weißen Pfeffer aus der Mühle
1 Prise Zucker
1 Bund Schnittlauch

So wird's gemacht:

1. Die Äpfel schälen, entkernen und in Scheiben schneiden.

2. Die Apfelscheiben mit dem Zitronensaft und dem Weißwein in einem Topf dünsten, herausnehmen und trockentupfen.

3. Die Graubrotscheiben mit Butter oder Margarine bestreichen und mit den Apfelscheiben belegen.

4. Je 2 Matjesfilets auf ein Brot legen.

5. Die Zwiebel und die Essiggurken fein hacken und mit der Mayonnaise und der Crème fraîche verrühren.

6. Mit dem Essig, dem Weinbrand, Salz, Pfeffer und Zucker abschmecken.

7. Auf den Matjesfilets verteilen und mit frisch geschnittenem Schnittlauch bestreut servieren.

Vorbereitungszeit: 15 Minuten.
Zubereitungszeit: 5 Minuten.

Schnelle Eierplatte

Sie benötigen für 4 Personen:

8 Eier
8 EL Mayonnaise
2 EL Sardellenpaste
2 EL Eierlikör
1 EL mittelscharfen Senf
1 EL frisch gehackte Petersilie
2 cl Weinbrand

Außerdem:

2 Tomaten
1 Bund Petersilie
Kräuterzweige
Krabben
Weintrauben
1 Orange
Mixed Pickles

So wird's gemacht:

1. Die Eier hart kochen.
2. Abschrecken, schälen, erkalten lassen und halbieren.
3. Das Eigelb vorsichtig herauslösen, durch ein Sieb streichen und mit der Mayonnaise glattrühren.
4. Die Eimasse in 4 Teile aufteilen.
5. Einen Teil mit der Sardellenpaste, einen anderen mit dem Eierlikör, den dritten Teil mit dem Senf und den vierten Teil mit der Petersilie und dem Weinbrand verrühren.
6. Die Eihälften dekorativ auf einer Platte anrichten.
7. Jeweils vier Eihälften mit einer Masse füllen.
8. Die Eier mit Kräuterzweigen, Krabben, Weintrauben, Orangenstücken und Mixed Pickles ausgarnieren.
9. Die Freiflächen zwischen den Eiern mit Petersiliensträußchen ausfüllen.
10. Den Rand der Platte mit den in Scheiben geschnittenen Tomaten verzieren.

Vorbereitungszeit: 15 Minuten.
Zubereitungszeit: 5 Minuten.

Krabben-Schinken-Creme

Sie benötigen für 4 Personen:

6 hartgekochte Eier
100 g gekochten Schinken
100 g Krabben
100 g Butter oder Margarine
1 EL Tomatenmark
1 TL getrockneten Basilikum
2 cl Weinbrand
Salz
weißen Pfeffer aus der Mühle

Für die Garnitur:

gefüllte Oliven
Kresse

So wird's gemacht:

1. Die Eier halbieren und das Eigelb herauslösen.
2. Den Schinken und die Krabben durch die feine Scheibe des Fleischwolfes drehen.
3. Das Eigelb durch ein Sieb streichen und mit dem Schinken, den Krabben, der Butter oder Margarine und dem Tomatenmark zu einer gleichmäßigen Paste verrühren.
4. Mit dem Basilikum und dem Weinbrand würzen, mit Salz und Pfeffer abschmecken.
5. Die Masse in einen Spritzbeutel füllen und in die Eihälften spritzen.
6. Mit halbierten Oliven und ein paar Krabben belegen, mit Kresse garnieren.

Vorbereitungszeit: 10 Minuten.
Zubereitungszeit: 5 Minuten.

Sardellencreme

Sie benötigen für 4 Personen:

6 hartgekochte Eier
100 g Magerquark
50 g Butter oder Margarine
1 Glas Sardellenfilets
½ Bund Dill
Salz
schwarzen Pfeffer aus der Mühle
2 cl Kirschwasser

Für die Garnitur:

Sardellenringe
Kapern
Dillzweige

So wird's gemacht:

1. Die Eier halbieren und das Eigelb vorsichtig heraustrennen.
2. Das Eigelb durch ein Sieb streichen, mit dem Quark und der Butter oder der Margarine in einer Schüssel zu einer glatten Masse verrühren.
3. Die Sardellenfilets mit dem Dill fein hacken und unter den Quark rühren, mit Salz und Pfeffer abschmecken und mit dem Kirschwasser aromatisieren.
4. In einen Spritzbeutel füllen und in die Eihälften spritzen.
5. Mit den Sardellenringen, den Kapern und den Dillzweigen garnieren und servieren.

Vorbereitungszeit: 10 Minuten.
Zubereitungszeit: 5 Minuten.

Scharfe Senffüllung

Sie benötigen für 4 Personen:

6 hartgekochte Eier
200 g Frischkäse
2 EL mittelscharfen Senf
einige Tropfen Tabasco
einige Tropfen Worcestersoße
Salz
schwarzen Pfeffer aus der Mühle
1 Prise Zucker

Für die Garnitur:

Mixed Pickles
Kräuterzweige

So wird's gemacht:

1. Die hartgekochten Eier halbieren und das Eigelb vorsichtig heraustrennen.
2. Das Eigelb durch ein Sieb streichen und mit dem Frischkäse in einer Schüssel vermischen.
3. Den Senf unterziehen, mit dem Tabasco und der Worcestersoße würzen.
4. Mit Salz, Pfeffer und Zucker abschmecken.
5. Diese Masse in die Eihälften füllen, mit Mixed Pickles und Kräuterzweigen garnieren und servieren.

Vorbereitungszeit: 10 Minuten.
Zubereitungszeit: 5 Minuten.

Leberschaumfüllung

Sie benötigen für 4 Personen:

6 hartgekochte Eier
1 kleine Dose Gänseleberparfait
2 EL Crème fraîche
2 cl Weinbrand
Salz
weißen Pfeffer aus der Mühle
1 Prise Zucker
½ Bund Dill

Für die Garnitur:

Trüffelwürfel
Melissenblättchen

So wird's gemacht:

1. Die Eier halbieren und das Eigelb heraustrennen.
2. Das Eigelb durch ein Sieb streichen und mit dem Gänseleberparfait, der Crème fraîche und dem Weinbrand zu einer Masse verrühren.
3. Mit Salz, Pfeffer und Zucker abschmecken und den feingehackten Dill unterziehen.
4. In einen Spritzbeutel füllen und in die Eihälften spritzen.
5. Mit den Trüffelwürfeln und den Melissenblättchen garnieren und servieren.

Vorbereitungszeit: 10 Minuten.
Zubereitungszeit: 5 Minuten.

Feurige Füllung

Sie benötigen für 4 Personen:

6 hartgekochte Eier
1 Ecke Doppelrahm-Frischkäse
50 g Butter oder Margarine
1 Peperoni
2 Knoblauchzehen
½ TL Salz
½ TL Curry
½ TL Paprikapulver, edelsüß
Salz
Pfeffer aus der Mühle

Für die Garnitur:

Muscheln aus dem Glas
Paprikastreifen aus dem Glas
Kräuter

So wird's gemacht:

1. Die Eier halbieren und das Eigelb heraustrennen.
2. Das Eigelb durch ein Sieb streichen, mit dem Frischkäse und der Butter oder Margarine in einer Schüssel zu einer gleichmäßigen Masse verrühren.
3. Die Peperoni fein hacken und mit der mit Salz zerriebenen Knoblauchzehe unter die Masse arbeiten.
4. Mit Curry, Paprika, Salz und Pfeffer abschmecken.
5. In einen Spritzbeutel füllen und in die Eihälften spritzen.
6. Mit den Muscheln, den Paprikastreifen und mit Kräuterzweigen garnieren.

Vorbereitungszeit: 10 Minuten.
Zubereitungszeit: 5 Minuten.

Thunfischcreme

Sie benötigen für 4 Personen:

6 hartgekochte Eier
200 g geräucherten Thunfisch
1 Ecke Doppelrahm-Frischkäse
4 EL süße Sahne
2 cl Kirschwasser
Salz
weißen Pfeffer aus der Mühle
1 Bund Dill

Für die Garnitur:

1 kleines Glas deutschen Kaviar
Dillzweige

So wird's gemacht:

1. Die Eier halbieren und das Eigelb vorsichtig herausnehmen.
2. Das Eigelb durch ein Sieb streichen, mit dem Thunfisch, dem Frischkäse und der Sahne in eine Schüssel geben und alles zu einer glatten Masse verrühren.
3. Das Kirschwasser unterziehen, mit Salz und Pfeffer würzen und den feingehackten Dill untermischen.
4. In einen Spritzbeutel geben und in die Eihälften spritzen.
5. Mit dem Kaviar belegen und mit Dillzweigen garnieren.

Vorbereitungszeit: 10 Minuten.
Zubereitungszeit: 5 Minuten.

Cocktailspießchen

Sie benötigen für 4 Personen:

Für die Schinkenspießchen:

16 Cornichons
16 dünne Scheiben Lachsschinken
Ananasstückchen

Für die Wurstspießchen:

16 Cocktailwürstchen
16 dünne Scheiben geräucherten Bauchspeck

Für die Salamispießchen:

16 gefüllte Oliven
16 dünne Scheiben Salami

Für die Ananasspießchen:

16 Ananaswürfel
16 dünne Scheiben geräucherten Schinken

Für die Gemüsespießchen:

16 Stück süßsaures Gemüse
16 dünne Scheiben Fleischwurst

So wird's gemacht:

1. Für die Schinkenspießchen je ein Cornichon mit einer Scheibe Lachsschinken umwickeln, auf Spießchen stekken, mit den Ananas verzieren.
2. Für die Wurstspießchen je ein Cocktailwürstchen mit Bauchspeck umwickeln und im schwimmenden Fett braten.
3. Für die Salamispießchen je eine gefüllte Olive mit einer Scheibe Salami umwickeln, auf ein Spießchen stecken.
4. Für die Ananasspießchen je einen Ananaswürfel mit einer Scheibe Schinken umwickeln, auf Spießchen stecken.
5. Für die Gemüsespießchen je ein Stück süßsaures Gemüse mit einer Scheibe Fleischwurst umwickeln, auf Spießchen stecken und servieren.

Vorbereitungszeit: 15 Minuten.
Zubereitungszeit: 5 Minuten.

Camembertspießchen

Sie benötigen für 4 Personen:

4 Camemberthalbmonde
2 Eiweiß
1 Tasse Paniermehl
1 TL Zimt
Fett zum Ausbacken

Außerdem:

3 Pfirsichhälften
2 EL Preiselbeermarmelade
Holzspießchen

So wird's gemacht:

1. Die Camemberthalbmonde in 2 Teile schneiden.
2. Das Eiweiß in einer Schüssel verrühren.
3. Das Paniermehl mit dem Zimt mischen.
4. Die Camemberthalbmonde zuerst im Eiweiß und anschließend im Zimtmehl wenden und im schwimmenden Fett ausbacken.
5. Jeweils mit einem Stück Pfirsich auf Holzspießchen stecken.
6. Einen Klacks Preiselbeermarmelade daraufgeben und servieren.

Vorbereitungszeit: 5 Minuten.
Zubereitungszeit: 10 Minuten.

Käsespießchen

Sie benötigen für 4 Personen:

150 g Edamer Käse
150 g Emmentaler Käse
150 g Goudakäse

Außerdem:

50 g geräucherten Schinken
50 g Salami
50 g Thunfisch

Für die Garnitur:

gefüllte Oliven
Cocktailkirschen
Tomatenviertel
Petersilie
Holzspießchen

So wird's gemacht:

1. Den Käse in mundgerechte Würfel schneiden.
2. Den Edamer mit einem Schinkenröllchen auf einen Spieß stecken.
3. Den Emmentaler mit einem Salamitütchen auf einen Spieß stecken.
4. Den Gouda mit einem Thunfischstückchen auf einen Spieß stecken.
5. Abwechselnd Oliven, Cocktailkirschen oder Tomatenviertel auf die Spieße verteilen.
6. Mit Petersilie garnieren und servieren.

Vorbereitungszeit: 10 Minuten.
Zubereitungszeit: 5 Minuten.

Krabbenhäppchen

Sie benötigen für 4 Personen:

400 g Krabben
100 g feines Schweinemett
1 Ei
½ Tasse süße Sahne
4 EL Mehl
1 Bund Dill
Salz
weißen Pfeffer aus der Mühle
1 TL geriebene Zitronenschale
1 Prise Zucker
2 cl Weinbrand
Fett zum Ausbacken
Holzspießchen

Für die Garnitur:

exotische Früchte
(Kiwi, Mango, usw.)

So wird's gemacht:

1. Die Krabben unter fließendem Wasser abwaschen, trockentupfen und durch die feine Scheibe des Fleischwolfes drehen.
2. Mit dem Schweinemett, dem Ei, der Sahne und dem Mehl zu einer kompakten Masse verarbeiten.
3. Den feingehackten Dill unterziehen, mit Salz, Pfeffer, Zitronenschale und Zucker abschmecken.
4. Mit dem Weinbrand aromatisieren, zu Kugeln formen und im schwimmenden Fett ausbacken.
5. Auf Holzspießchen stecken und mit den verschiedenen exotischen Früchten garnieren und servieren.

Vorbereitungszeit: 10 Minuten.
Zubereitungszeit: 5 Minuten.

Kräuterkugeln

Sie benötigen für 4 Personen:

500 g feines Bratwurstbrät
2 Eier
½ Tasse Milch
1 EL grüne Pfefferkörner
1 Bund Petersilie
1 Bund Schnittlauch
½ Bund Zitronenmelisse
Salz
weißen Pfeffer aus der Mühle
1 Prise Muskat
1 Prise Zucker

Außerdem:

Holzspießchen
süßsaures Gemüse
verschiedene Früchte

So wird's gemacht:

1. Das Brät in eine Schüssel geben und mit den Eiern und der Milch zu einer glatten Masse verrühren.
2. Die grünen Pfefferkörner, die gehackte Petersilie, den feingeschnittenen Schnittlauch und die gehackte Zitronenmelisse unter die Brätmasse arbeiten.
3. Mit Salz, Pfeffer, Muskat und Zucker abschmecken.
4. Zu runden Kugeln formen und im schwimmenden Fett braten.
5. Auf Holzspießchen stecken, mit verschiedenem süßsaurem Gemüse und mit Früchten garnieren und servieren.

Vorbereitungszeit: 15 Minuten.
Zubereitungszeit: 5 Minuten.

Gemüsesnacks

Sie benötigen für 4 Personen:

150 g Rosenkohl
150 g Blumenkohl
150 g Brokkoliröschen
150 g Pariser Karotten

Für den Teig:

50 g Butter oder Margarine
50 g Zucker
5 Eier
200 g Mehl
1 TL Backpulver
1 Prise Salz
etwa 1/2 Tasse Wasser

Außerdem:

Holzspießchen
Fett zum Ausbacken

So wird's gemacht:

1. Das Gemüse putzen, waschen und im Salzwasser 10 Minuten blanchieren, herausnehmen und gut abtropfen lassen.
2. Für den Teig Butter oder Margarine in einer Schüssel mit dem Zucker und den Eiern schaumig rühren.
3. Das Mehl mit dem Backpulver und dem Salz vermischen, zu den Eiern geben und alles gut miteinander verrühren.
4. Eventuell mit etwas Wasser verflüssigen.
5. Das Gemüse im Teig wenden und im schwimmenden Fett ausbacken.
6. Auf Holzspießchen stecken und servieren.

Vorbereitungszeit: 15 Minuten.
Zubereitungszeit: 5 Minuten.

Gemüseplatte zum Dippen

Sie benötigen für 4 Personen:

2 Karotten
½ kleine Salatgurke
1 kleine Zucchini
1 Bund Frühlingszwiebeln
2 Tomaten
1 kleine Staude Chicorée
1 kleine rote und 1 kleine grüne Paprikaschote
150 g Brokkoli
150 g Blumenkohl

Außerdem:

Zahnstocher oder andere Spießchen
weißen und schwarzen Pfeffer aus der Mühle
Salz

Für den Tomatendip:

2 Becher Joghurt
3 EL Tomatenmark
Saft von 1 Zitrone
4 EL Obstessig
4 cl Sherry
1 Prise Zucker

Für den Schnittlauchdip:

1 Tasse Mayonnaise
1 Becher Joghurt
2 Bund Schnittlauch
1 Prise Zucker

Für den Currydip:

1 Tasse Mayonnaise
1 Becher Joghurt
2 EL Honig
1 EL Curry
2 EL Obstessig
1 hartgekochtes Ei

Für den Kräuterdip:

1 Tasse Mayonnaise
1 Becher saure Sahne
1 Zwiebel
je 2 EL frisch gehackte Petersilie, Kerbel, Zitronenmelisse und Dill
Saft von 1 Zitrone
einige Tropfen Worcestersoße
1 Prise Zucker

So wird's gemacht:

1. Das Gemüse putzen, waschen und gut abtropfen lassen.
2. Die Karotten, die Salatgurke, die Zucchini und die Frühlingszwiebeln in längliche, 1 Zentimeter dicke Streifen schneiden.
3. Die Tomaten vierteln, den Chicorée zerpflücken und die Paprikaschoten in Streifen schneiden.
4. Den Brokkoli und den Blumenkohl in Salzwasser 5 bis 10 Minuten blanchieren.
5. Die Gurke, die Zucchini, die Frühlingszwiebeln und die Karotten auf einer runden Platte so anrichten, daß sie jeweils gegenüberliegen.
6. Die Zwischenräume mit den geputzten, gewaschenen Champignons, dem Chicorée, den Paprikaschoten und den Tomaten ausfüllen.
7. Den Brokkoli und den Blumenkohl in der Mitte anrichten.
8. Für den Tomatendip den Joghurt, das Tomatenmark, den Zitronensaft, den Obstessig und den Sherry glattrühren, mit Zucker, Salz und Pfeffer abschmecken.
9. Für den Schnittlauchdip die Mayonnaise mit dem Joghurt und dem feingeschnittenen Schnittlauch glattrühren. Mit Zucker, Salz und Pfeffer abschmecken.
10. Für den Currydip die Mayonnaise mit dem Joghurt und dem Honig glattrühren, mit Curry, Obstessig, Salz und Pfeffer abschmecken und das hartgekochte, kleingehackte Ei unter die Soße ziehen.
11. Für den Kräuterdip die Mayonnaise mit der sauren Sahne, der feingehackten Zwiebel und den Kräutern glattrühren, mit Zitronensaft, Worcestersoße, Zucker, Salz und Pfeffer abschmecken.

12. Die verschiedenen Dips in Gläsern anrichten, mit den Zahnstochern und der ausgarnierten Platte servieren.

Vorbereitungszeit: 20 Minuten.
Zubereitungszeit: 5 Minuten.

Paprika-Speck-Dip

Sie benötigen für 4 Personen:

2 EL Butter oder Margarine
100 g durchwachsenen geräucherten Speck
1 Zwiebel
½ rote Paprikaschote
½ grüne Paprikaschote
½ Tasse Rotwein
1 Becher Crème fraîche
100 g Mayonnaise
1 EL Tomatenmark
Salz
schwarzen Pfeffer aus der Mühle
1 TL Paprikapulver, edelsüß
1 Prise Zucker
1 Bund Petersilie

So wird's gemacht:

1. Das Fett in einer Pfanne erhitzen und den in feine Würfel geschnittenen Speck darin auslassen.
2. Die feingehackte Zwiebel und die in kleine Würfel geschnittenen Paprikaschoten dazugeben und kurz mitschwitzen.
3. Mit dem Rotwein ablöschen, die Crème fraîche unterziehen, vom Herd nehmen und erkalten lassen.
4. Mit der Mayonnaise vermischen und das Tomatenmark unterrühren.
5. Mit Salz, Pfeffer, Paprika und Zucker abschmecken.
6. Die feingehackte Petersilie in den Dip rühren und servieren.

Vorbereitungszeit: 5 Minuten.
Zubereitungszeit: 5 Minuten.

Weingauer Apfelquark

Sie benötigen für 4 Personen:

2 EL Butter oder Margarine
1 Zwiebel
2 säuerliche Äpfel
1 EL grüne Pfefferkörner
1 Tasse Weißwein
250 g Magerquark
Saft von 1 Zitrone
Salz
schwarzen Pfeffer aus der Mühle
1 Prise Zucker
2 EL frisch geriebenen Meerrettich
1 Bund Zitronenmelisse

So wird's gemacht:

1. Das Fett in einer Pfanne erhitzen und die feingehackte Zwiebel darin glasig schwitzen.
2. Die geschälten, entkernten und geraspelten Äpfel dazugeben und kurz mitschwitzen.
3. Die Pfefferkörner dazugeben und mit Weißwein ablöschen, vom Feuer nehmen und erkalten lassen.
4. Mit dem Magerquark und dem Zitronensaft in einer Schüssel vermischen.
5. Mit Salz, Pfeffer und Zucker abschmecken.
6. Den Meerrettich und die gehackte Zitronenmelisse unterziehen und servieren.

Vorbereitungszeit: 5 Minuten.
Zubereitungszeit: 5 Minuten.

Kräuter-Nuß-Dip

Sie benötigen für 4 Personen:

1 Becher Crème fraîche
½ Tasse Weißwein
1 Becher Joghurt
Salz
weißen Pfeffer aus der Mühle
1 Prise Zucker
1 EL mittelscharfen Senf
einige Tropfen Worcestersoße
50 g gehackte Walnußkerne
50 g gehackte Haselnußkerne
1 Bund Schnittlauch
½ Bund Kerbel
½ Bund Zitronenmelisse

So wird's gemacht:

1. Die Crème fraîche mit dem Weißwein und dem Joghurt in eine Schüssel geben und miteinander vermischen.
2. Mit Salz, Pfeffer, Zucker, Senf und Worcestersoße würzen.
3. Die Walnußkerne, die Haselnußkerne, den feingeschnittenen Schnittlauch, den gehackten Kerbel und die gehackte Zitronenmelisse unterziehen und servieren.

Zubereitungszeit: 5 Minuten.

Edelpilzcreme

Sie benötigen für 4 Personen:

50 g Butter oder Margarine
100 g Roquefort
100 g Doppelrahm-Frischkäse
2 EL feingehackte Walnüsse
3 cl Kirschwasser
Salz
weißen Pfeffer aus der Mühle
1 Prise Zucker
einige Mixed Pickles

Tip: Die Roquefortcreme verwendet man außerdem als Aufstrich für Cracker, Canapés oder Käsegebäck.

So wird's gemacht:

1. Die Butter oder Margarine mit dem Roquefort, dem Frischkäse, den Walnüssen und dem Kirschwasser in einer Schüssel glattrühren.
2. Mit Salz, Pfeffer und Zucker abschmecken und mit kleingeschnittenen Mixed Pickles garnieren.

Zubereitungszeit: 5 Minuten.

Feine Krabben-Cocktail-Platte

Sie benötigen für 4 Personen:

400 g Krabben
2 Stauden Chicorée
4 Scheiben Ananas
1 Tasse Mayonnaise
1 Becher Joghurt
2 EL Johannisbeergelee
½ Tasse Tomatenketchup
4 cl Weinbrand
Salz
weißen Pfeffer aus der Mühle
1 TL Curry
½ TL Paprikapulver

Für die Garnitur:

1 rote Paprikaschote
1 Bund Petersilie
einige Chicoréeblätter
8 große Garnelen
Tomatenachtel
Orangenachtel

So wird's gemacht:

1. Die Krabben unter fließendem Wasser abwaschen und gut abtropfen lassen.
2. Den Chicorée putzen, halbieren, den Strunk entfernen und in zentimetergroße Streifen schneiden.
3. Die Ananas in kleine Würfel schneiden.
4. Die Zutaten in einer Schüssel vorsichtig miteinander vermischen.
5. Die Mayonnaise mit dem Joghurt, dem Johannisbeergelee, dem Tomatenketchup und dem Weinbrand glattrühren, mit Salz, Pfeffer, Curry- und Paprikapulver abschmecken und den Salat damit anmachen.
6. Die Paprikaschoten halbieren und mit Petersilienzweigen füllen.
7. Die Chicoréeblätter auf die gegenüberliegenden Seiten einer Platte legen, die gefüllten Paprikaschoten und die Garnelen darauf dekorativ anrichten.
8. Die Gläser auf die Platte stellen.
9. Den Cocktail in die Salatgläser füllen.
10. Mit Tomatenachteln, Orangenachteln und Petersilienzweigen ausgarnieren und servieren.

Vorbereitungszeit: 15 Minuten.
Zubereitungszeit: 5 Minuten.

Matrosencocktail

Sie benötigen für 4 Personen:

400 g Krabben
250 g frische Champignons
1 Avocado
4 Tomaten
2 Scheiben Ananas
2 Pfirsichhälften

Für das Dressing:

1 Zwiebel
2 hartgekochte Eier
1 Bund Schnittlauch
1 Bund Petersilie
2 EL mittelscharfen Senf
½ Tasse Obstessig
1 Tasse Weißwein
½ Tasse Olivenöl
Salz
schwarzen Pfeffer aus der Mühle
1 Prise Zucker
einige Spritzer Worcestersoße

So wird's gemacht:

1. Die Krabben unter fließendem Wasser abwaschen und trokkentupfen.
2. Die Champignons putzen, waschen und in Scheiben schneiden.
3. Die Avocado schälen, halbieren, den Kern herauslösen und die Frucht ebenfalls in Scheiben schneiden.
4. Die Tomaten enthäuten, entkernen und in Würfel schneiden.
5. Die Ananas und die Pfirsiche in kleine Würfel schneiden und mit den übrigen Zutaten in einer Schüssel vorsichtig vermischen.
6. Für das Dressing die Zwiebel und die Eier fein hacken, mit dem feingeschnittenen Schnittlauch und der gehackten Petersilie vermischen.
7. Den Senf, den Obstessig, den Weißwein und das Olivenöl dazugeben, mit Salz, Pfeffer, Zucker und Worcestersoße abschmecken.
8. Den Salat damit anmachen, ½ Stunde im Kühlschrank ziehen lassen, in Cocktailschalen füllen und servieren.

Vorbereitungszeit: 10 Minuten.
Zubereitungszeit: 5 Minuten.

Matjescocktail

Sie benötigen für 4 Personen:

8 Matjesfilets
2 Zwiebeln
2 Äpfel
1 Kästchen Kresse

Für das Dressing:

1 Becher süße Sahne
2 EL Essig
2 EL mittelscharfen Senf
einige Spritzer Worcestersoße
Salz
weißen Pfeffer aus der Mühle
1 Prise Zucker
1 Bund Dill

So wird's gemacht:

1. Die Matjesfilets unter fließendem Wasser abwaschen, trokkentupfen und in dünne Streifen schneiden.
2. Die Zwiebeln schälen und in dünne Scheiben schneiden.
3. Die Äpfel schälen, entkernen und in Scheiben schneiden.
4. Die Kresse verlesen und mit den übrigen Zutaten in einer Schüssel vorsichtig vermischen.
5. Für das Dressing die Sahne mit dem Essig, dem Senf und der Worcestersoße glattrühren.
6. Mit Salz, Pfeffer und Zucker abschmecken und den feingehackten Dill unterziehen.
7. Den Salat damit anmachen, im Kühlschrank mindestens ½ Stunde ziehen lassen, in entsprechende Gläser füllen und servieren.

Vorbereitungszeit: 10 Minuten.
Zubereitungszeit: 5 Minuten.

Italienischer Muschelcocktail

Sie benötigen für 4 Personen:

400 g Muschelfleisch
2 Tomaten
1 Bund Frühlingszwiebeln
150 g frische Champignons
100 g Schafskäse

Für das Dressing:

1 Tasse Rotwein
½ Tasse Obstessig
½ Tasse Olivenöl
Saft von 1 Orange
1 Zwiebel
1 Bund Estragon
Salz
weißen Pfeffer aus der Mühle
1 Prise Zucker

So wird's gemacht:

1. Das gekochte Muschelfleisch in eine Schüssel geben.
2. Die Tomaten enthäuten, entkernen und in Würfel schneiden.
3. Die Frühlingszwiebeln waschen und in dünne Streifen schneiden.
4. Die Champignons putzen, waschen und in Scheiben schneiden.
5. Den Schafskäse in kleine Stücke zerpflücken.
6. Die Zutaten zu den Muscheln geben und alles vorsichtig miteinander vermischen.
7. Den Rotwein mit dem Obstessig, dem Olivenöl, dem Orangensaft, der feingehackten Zwiebel und dem gehackten Estragon verrühren.
8. Mit Salz, Pfeffer und Zucker abschmecken.
9. Den Salat damit anmachen, mindestens ½ Stunde im Kühlschrank ziehen lassen und servieren.

Vorbereitungszeit: 10 Minuten.
Zubereitungszeit: 5 Minuten.

Filetcocktail mit Rosenblättern

Sie benötigen für 4 Personen:

2 Filetsteaks à 200 g
1 EL grüne Pfefferkörner
1 TL getrockneten Thymian
Fett zum Braten
Salz
schwarzen Pfeffer aus der Mühle

Außerdem:

150 g Feldsalat
1 kleine Dose Mandarinenfilets
1 Handvoll Rosenblätter

Für das Dressing:

1 Becher Crème fraîche
½ Tasse Weißwein
4 EL Obstessig
1 Prise Zucker
½ Bund Petersilie und Estragon

So wird's gemacht:

1. Die Filets mit dem zerdrückten grünen Pfeffer und dem Thymian kräftig einreiben.
2. Das Fett in einer Pfanne erhitzen und die Filets je nach Geschmack medium oder durchbraten.
3. Herausnehmen, salzen und pfeffern, in Alufolie wickeln und erkalten lassen.
4. In der Zwischenzeit den Feldsalat putzen, waschen und mit den Mandarinenfilets und den verlesenen Rosenblättern in einer Schüssel vorsichtig vermischen.
5. Für das Dressing die Crème fraîche mit dem Weißwein und dem Obstessig glattrühren, mit Salz, Pfeffer und Zucker würzen, gehackte Kräuter dazugeben.
6. Die Filets in hauchdünne Scheiben schneiden und zum Salat geben.
7. Mit dem Dressing beträufeln.

Vorbereitungszeit: 15 Minuten.
Zubereitungszeit: 5 Minuten.

Pilzsalat mit Wachteleiern

Sie benötigen für 4 Personen:

100 g frische Pfifferlinge
100 g frische Steinpilze
100 g frische Champignons
Saft von 1 Zitrone
1 Zwiebel
2 Hähnchenbrustfilets
Fett zum Braten
1 Becher Crème fraîche
4 EL Essig
1/2 Tasse Weißwein
Salz
weißen Pfeffer aus der Mühle
1 Prise Muskat
1/2 Bund Petersilie
1/2 Bund Kerbel
4 Wachteleier aus dem Glas

So wird's gemacht:

1. Die Pilze putzen, waschen, kleinschneiden und mit Zitronensaft beträufeln.
2. Die Zwiebeln fein hacken.
3. Die Hähnchenbrustfilets unter fließendem Wasser abwaschen, trockentupfen und in kleine Würfel schneiden.
4. Das Fett in einer Pfanne erhitzen und die Hähnchenwürfel darin rundherum Farbe nehmen lassen.
5. Die Zwiebeln dazugeben und glasig schwitzen.
6. Die Pilze untermischen, kurz durchschwenken und mit Crème fraîche auffüllen.
7. Mit Essig, Weißwein, Salz, Pfeffer und Muskat abschmecken.
8. Vom Feuer nehmen, die feingehackten Kräuter unter die Soße mischen, in Cocktailgläser füllen, mit den Wachteleiern garnieren und servieren.

Vorbereitungszeit: 15 Minuten.
Zubereitungszeit: 5 Minuten.

Käse – fast schon eine Weltanschauung

Jeden Tag steigt die Zahl der Käsefreunde, nicht nur aufgrund der Tatsache, daß Käse schmeckt und gesund ist, sondern auch, weil Käse sich vorzüglich in der Küche weiterverarbeiten läßt.
Wer Käse nur als Brotbelag sieht, dem entgeht viel Köstliches. Eine kleine Auswahl der unzähligen Möglichkeiten mit Käse zu kochen, zeigen wir Ihnen auf den folgenden Seiten.

Schnelle Käsehappen

Die zu benötigende Menge richtet sich nach Anzahl der Gäste

- Greyerzer
- Goudakäse
- Dänischer Butterkäse
- Kräuterschmelzkäse
- Champignonschmelzkäse

Für die Garnitur:

- Ananaswürfel
- Weintrauben
- Erdbeeren
- Oliven
- Gurkenscheiben
- Karottenscheiben
- Radieschenscheiben

Außerdem:

- gehackte Kräuter
- Paprika, edelsüß
- Kümmel
- Holzspießchen
- Salatblätter

So wird's gemacht:

1. Die festen Käsesorten in 1 Zentimeter dicke Scheiben schneiden und je nach Geschmack Formen ausstechen oder ausschneiden.

2. Mit Ananaswürfeln, Weintrauben, Erdbeeren, Oliven, Gurkenscheiben, Karottenscheiben und Radieschenscheiben belegen und diese Garnituren mit Zahnstochern feststecken.

3. Aus den Schmelzkäsesorten runde Kugeln herstellen.

4. Einen Teil der Kugeln in den gehackten Kräutern, einen anderen Teil in Paprika und den dritten Teil in Kümmel wälzen.

5. Auf Holzspießchen stecken und mit den angegebenen Zutaten garnieren.

6. Salatblätter auf einem Teller anrichten und die Käsehäppchen darauf verteilen.

7. Als Dessert oder zum Wein servieren.

Vorbereitungszeit: 10 Minuten.
Zubereitungszeit: 5 Minuten.

Kunterbunter Käseball

Die zu benötigenden Mengen richten sich nach Anzahl der Gäste

Tilsiter Käse
Greyerzer
Lindenberger
Goudakäse
Cheddar
Danablu
Edelpilzkäse

Für die Garnitur:

Kiwis
Mandarinenfilets
Weintrauben
Apfelstücke
Ananasstücke
Cocktailkirschen oder frische Kirschen
Salami- und Schinkenstückchen
Cornichons
Essiggemüse
Oliven
Sardellenfilets
Karotten- und Tomatenstückchen
verschiedene Kräuterzweige

Außerdem:

1 Melone
Zahnstocher

So wird's gemacht:

1. Die verschiedenen Käsesorten in mundgerechte Würfel schneiden.
2. Je ein Käsestückchen auf einen Zahnstocher stecken und diesen mit den Zutaten Ihrer Wahl garnieren.
3. Die Melone auf einer Seite so anschneiden, damit sie stehen bleibt und nicht wegrollen kann.
4. Die Käsespießchen rundherum hineinstecken.
5. Als Blickfang für ein kaltes Buffet oder als Käsedessert servieren.

Vorbereitungszeit: 10 Minuten.
Zubereitungszeit: 5 Minuten.

Käseplatte zum Bier

Sie benötigen für 4 Personen:

300 g Emmentaler Käse
2 Scheiben Korbkäse
1 Limburger Käse
1 Harzer Käse
1 kleiner Munsterkäse
2 kleine Mainzer Käse
1 Camembert
1 kleine Zwiebel
je 2 EL gehackte Petersilie, geschnittenen Schnittlauch und gehackten Dill
4 cl Kirschwasser
1 Msp. gemahlenen Kümmel
weißen Pfeffer aus der Mühle
Salatblätter
2 Tomaten

Außerdem:

1 Paprikaschote
1 kleine Tüte Salzbrezeln
Cräcker
1 Bund Radieschen
Zahnstocher
Weintrauben
Kräuter

So wird's gemacht:

1. Den Emmentaler am Stück auf einer Holzplatte anrichten.
2. Den Korbkäse, den Limburger, den Harzer, den Munster und den Mainzer dekorativ auf die Platte legen.
3. Den Camembert mit einer Gabel zerdrücken, mit den feingehackten Zwiebeln, den Kräutern, dem Kirschwasser und dem Kümmel zu einer Masse verrühren und mit weißem Pfeffer würzen.
4. Auf Salatblättern anrichten und mit Tomatenachteln abgrenzen.
5. In die Paprikaschote Zahnstocher stecken und die Salzbrezeln darauf anrichten.
6. Diesen Blickfang auf die Platte setzen, mit Cräckern, Radieschen, Weintrauben und Kräuterzweigen ausgarnieren und servieren.

Vorbereitungszeit: 15 Minuten.
Zubereitungszeit: 10 Minuten.

Angemachter Edelpilzkäse

Sie benötigen für 4 Personen:

200 g Edelpilzkäse
200 g Doppelrahm-Frischkäse
½ Tasse süße Sahne
½ Tasse Weißwein
Salz
weißen Pfeffer aus der Mühle
1 Prise Zucker
4 cl Orangenlikör
Salatblätter
1 Bund Schnittlauch
2 EL gehobelte Mandeln

So wird's gemacht:

1. Den Edelpilzkäse in einer Schüssel mit einer Gabel zerdrücken.
2. Mit dem Doppelrahm-Frischkäse, der Sahne und dem Weißwein zu einer glatten Masse verrühren.
3. Mit Salz, Pfeffer und Zucker würzen und mit Orangenlikör aromatisieren.
4. Auf Salatblättern anrichten und mit frisch geschnittenem Schnittlauch und den gehobelten Mandeln bestreut servieren.

Vorbereitungszeit: 5 Minuten.
Zubereitungszeit: 5 Minuten.

Eingelegter Schafskäse

Sie benötigen für 4 Personen:

400 g Schafskäse
4 Schalotten
100 g schwarze Oliven
1 Peperoni
1 Zweig Rosmarin
1 Zweig Thymian
2 Lorbeerblätter
1 TL Wacholderbeeren
1 TL Pfefferkörner
1 TL Senfkörner
¼ l Olivenöl

So wird's gemacht:

1. Den Schafskäse in mundgerechte Stücke schneiden.
2. Die Schalotten schälen und halbieren.
3. Mit dem Käse, den Oliven, der feingehackten Peperoni und den Kräuterzweigen in ein entsprechend hohes Glas schichten.
4. Die Lorbeerblätter mit den Wacholderbeeren, den Pfefferkörnern und den Senfkörnern dazugeben und mit Olivenöl füllen.
5. Das Glas verschließen, mindestens 2 Tage im Kühlschrank ziehen lassen, erst dann servieren.

Vorbereitungszeit: 5 Minuten.
Zubereitungszeit: 5 Minuten.

Bierkäse

Sie benötigen für 4 Personen:

200 g weichen Romadur oder
Limburger Käse
150 g Quark
50 g Butter oder Margarine
1 Zwiebel
4 Frühlingszwiebeln
1 Bund Schnittlauch
Salz
schwarzen Pfeffer aus der Mühle
1 Prise Zucker
½ TL gemahlenen Kümmel
4 cl Kirschwasser
Salatblätter
Radieschen
frische Kresse

So wird's gemacht:

1. Den Romadur in einer Schüssel mit einer Gabel zerdrücken.
2. Mit dem Quark und der Butter oder Margarine zu einer Masse verrühren.
3. Die feingehackte Zwiebel und die geputzten und in dünne Streifen geschnittenen Frühlingszwiebeln sowie den feingeschnittenen Schnittlauch unterarbeiten.
4. Mit Salz, Pfeffer, Zucker und Kümmel abschmecken.
5. Mit Kirschwasser aromatisieren.
6. Auf Salatblättern anrichten, je nach Geschmack mit Radieschen oder frischer Kresse garnieren und servieren.

Vorbereitungszeit: 5 Minuten.
Zubereitungszeit: 5 Minuten.

Handkäse mit Musik

Sie benötigen für 4 Personen:

400 g Harzer Käse
400 g Zwiebeln
2 Bund Schnittlauch
½ Tasse Essig
½ Tasse Olivenöl
1 Tasse Weißwein
1 Tasse Wasser
Salz
weißen Pfeffer aus der Mühle
2 EL Kümmel
1 Prise Zucker
Schwarzbrot
Butter

So wird's gemacht:

1. Den Harzer und die in Scheiben geschnittenen Zwiebeln sowie den feingeschnittenen Schnittlauch schichtweise in ein Glas einlegen.
2. Den Essig, das Olivenöl, den Weißwein und das Wasser miteinander mischen, mit Salz, Pfeffer, Kümmel und Zucker abschmecken.
3. Die Marinade zum Käse geben, das Glas verschließen und mindestens über Nacht im Kühlschrank ziehen lassen.
4. Herausnehmen und mit Schwarzbrot und Butter servieren.

Vorbereitungszeit: 5 Minuten.
Zubereitungszeit: 5 Minuten.

Obatzter

Sie benötigen für 4 Personen:

400 g vollreifen Camembert
4 EL Butter oder Margarine
1 mittelgroße Zwiebel
1 TL grüne Pfefferkörner
1 Msp. Cayennepfeffer
1 TL Paprikapulver, edelsüß
1 EL zerstoßenen Kümmel
Salz
schwarzen Pfeffer aus der Mühle
1 Bund Schnittlauch
½ Bund Petersilie
4 cl Obstwasser
Salatblätter
Zwiebelringe zum Garnieren

So wird's gemacht:

1. Den Camembert in eine Schüssel geben und mit einer Gabel zerdrücken.
2. Die Butter oder Margarine mit der feingehackten Zwiebel und den zerdrückten grünen Pfefferkörnern unter den Camembert arbeiten.
3. Mit Cayennepfeffer, Paprikapulver, Kümmel, Salz und Pfeffer abschmecken.
4. Den feingeschnittenen Schnittlauch und die feingehackte Petersilie unter die Käsemasse mischen.
5. Mit dem Obstwasser aromatisieren.
6. Auf Salatblättern anrichten, mit den Zwiebelringen garnieren und servieren.

Vorbereitungszeit: 10 Minuten.
Zubereitungszeit: 5 Minuten.

Käsewürfel mit exotischen Früchten

Sie benötigen für 4 Personen:

150 g Esrom am Stück
150 g Raclette
150 g Trappistenkäse
150 g Mondseer- oder Tilsiter Käse
150 g Pyrenäenkäse

Außerdem:

Salatblätter
1 kleine Honigmelone
1 Mango
1 mittelgroße Ananas
8 cl Kirschwasser
1 EL Zucker
4 Kiwis
100 g Kumquats
Kräuterzweige
Zahnstocher

So wird's gemacht:

1. Die verschiedenen Käsesorten in mundgerechte Würfel schneiden.
2. Die Salatblätter auf einer Ecke einer Platte auslegen.
3. Die Honigmelone halbieren, entkernen und mit einem Kugelausstecher Kugeln auslösen.
4. Die Mango schälen und ebenfalls Kugeln ausstechen.
5. Die Ananas halbieren, mit einem Messer den Strunk herauslösen, das Fruchtfleisch auslösen und in kleine Würfel schneiden.
6. Die Fruchtstücke miteinander mischen, mit Kirschwasser beträufeln und mit Zucker leicht süßen.
7. In die übriggebliebenen Fruchthälften füllen und auf der Platte dekorativ anrichten.
8. Die in Sterne halbierten Kiwis und die Kumquats um die Fruchthälften legen.
9. Die Platte mit Kräuterzweigen ausgarnieren und die Zahnstocher in die Käsewürfel stecken.

Vorbereitungszeit: 10 Minuten.
Zubereitungszeit: 10 Minuten.

Italienische Käseplatte

Sie benötigen für 4 Personen:

150 g Bel Paese
150 g Provolone
150 g Fontina
150 g Gorgonzola
150 g Mozzarella
150 g Ricotta

Außerdem:

Salatblätter
blaue und weiße Weintrauben
schwarze und grüne Oliven
2 Fleischtomaten
Grissinis

So wird's gemacht:

1. Den Bel Paese, den Provolone und den Fontina in Scheiben schneiden und sortengleich auf einer Platte anrichten.
2. Den Gorgonzola und den Mozzarella in Ecken schneiden und auf die Platte legen.
3. Den Ricotta auf Salatblättern anrichten und ebenfalls auf die Platte legen.
4. Mit Weintrauben, Oliven und den in Achtel geschnittenen Tomaten ausgarnieren und mit Grissinis servieren.
5. Zur italienischen Käseplatte sollten Sie auch italienischen Wein servieren. Scheuen Sie sich nicht davor einen Rotwein zusammen mit einem Weißwein anzubieten, beide passen dazu.

Vorbereitungszeit: 10 Minuten.
Zubereitungszeit: 5 Minuten.

Käseplatte zum Wein

Sie benötigen für 4 Personen:

100 g Emmentaler Käse in Scheiben
100 g Goudakäse in Scheiben
100 g Tilsiter Käse in Scheiben
1 reifen Camembert
100 g Edelpilzkäse
1 kleinen Pfefferkäse
1 Nuß-Rum-Käse
100 g Butterkäse am Stück

Außerdem:

1 Ananas
grüne und blaue Weintrauben
Orangen
Oliven
Tomaten
exotische Früchte (Kiwis, Kumquats, Mangos oder Papayas)
verschiedene Kräuter

So wird's gemacht:

1. Den in Scheiben geschnittenen Käse sortengleich auf einer Platte anrichten.
2. Den Camembert, den Edelpilzkäse und die anderen Käsesorten Ihrer Wahl dekorativ mit auf die Platte legen.
3. Als Blickfang die Ananas und die Weintrauben darauflegen.
4. Den in Würfel geschnittenen Butterkäse mit Holzspießchen auf die Ananas stecken.
5. Die Platte mit Orangen, Oliven, Tomatenvierteln und den exotischen Früchten dekorieren.
6. Mit Kräutern ausgarnieren.
7. Dazu reicht man Stangenweißbrot, Brötchen, Schwarzbrot oder Bauernbrot und natürlich Butter.
8. Als Getränk paßt für die feine Käseplatte Wein, und da wird meistens Weißwein bevorzugt. Doch auch Rosé oder sogar Rotwein ist erlaubt. Zu den kräftigen Käsesorten schmeckt auch kühles Bier.

Vorbereitungszeit: 10 Minuten.
Zubereitungszeit: 10 Minuten.

Holländische Käse-Cocktailplatte

Zutaten für 4 Personen

400 g junger Gouda
2 Scheiben Ananas
2 Kiwis
2 mittelgroße Chicoréestauden
100 g frische Champignons
Saft einer Zitrone
4 große Tomaten
1 kleine Dose Spargel
100 g frische Erdbeeren
1 Orange

Für die Cocktailsoße:

2 Becher Joghurt
2 EL mittelscharfer Senf
Saft einer Zitrone
2 EL Obstessig
je 1 EL gehackte Petersilie, Dill, Kerbel, Zitronenmelisse
Salz
Pfeffer aus der Mühle
1 Prise Zucker
1 Spritzer Worchestersoße

Außerdem:

Kresse
Salatblätter
Belegkirschen

So wird's gemacht:

1. Den Käse in kleine Würfel schneiden.
2. Die Ananasscheiben würfeln.
3. Eine Kiwi sternförmig auseinanderschneiden, die andere schälen und in kleine Würfel schneiden.
4. Den Chicorée waschen, halbieren und den Strunk herausschneiden.
5. Die Champignons putzen, waschen und in Scheiben schneiden, mit dem Zitronensaft beträufeln.
6. Die Tomaten waschen, jeweils den Deckel abschneiden und mit einem Teelöffel aushöhlen.
7. Den Spargel gut abtropfen lassen.
8. Die Erdbeeren waschen, die Hälfte der Früchte halbieren und den Rest für die Garnitur beiseite stellen.
9. Die Orange schälen und filieren.
10. Für das Dressing den Joghurt mit dem Senf, dem Zitronensaft und dem Obstessig glattrühren.
11. Die Kräuter unterziehen, mit Salz, Pfeffer, Zucker und Worcestersoße abschmecken.
12. Die Tomaten in die Mitte einer Platte setzen, mit dem Spargel, den Champignons und den Erdbeeren füllen.
13. Auf beiden Seiten Chicoréeschiffchen anrichten.
14. Käsewürfel, Ananaswürfel und Kiwiwürfel mischen und auf die Chicoréeschiffchen verteilen.
15. Die Zwischenräume der Platte mit den Kiwisternen, den Orangenfilets und den restlichen Erdbeeren garnieren.
16. Mit Kresse, Salatblättern und Belegkirschen verzieren. Die Sauce getrennt zur Käse-Cocktailplatte servieren.

Gemischte Käseplatte

Sie benötigen für 4 Personen:

1 Pfefferfrischkäse
1 Kräuterfrischkäse
100 g Schmelzkäse mit Walnüssen
4 Scheiben Goudakäse
4 Scheiben Tilsiter Käse
100 g Danablu
150 g Ziegenkäse

Außerdem:

2 Karotten
1 Bund Frühlingszwiebeln
150 g Erdbeeren
150 g Weintrauben
Weinblätter
verschiedene Kräuterzweige

So wird's gemacht:

1. Den Pfefferfrischkäse, den Kräuterfrischkäse und den Schmelzkäse auf Weinblätter legen und auf einer Platte in der Mitte anrichten.
2. Auf der einen Seite die Goudascheiben und auf der anderen die Tilsiterscheiben anrichten.
3. Danablu und Ziegenkäse in mundgerechte Stücke schneiden und auf eine Seite der Platte legen.
4. Auf der anderen Seite die in 1 Zentimenter dicke und 5 Zentimeter lange Streifen geschnittenen Karotten und Frühlingszwiebeln anrichten.
5. Die Erdbeeren und die Weintrauben dazulegen.
6. Mit Kräuterzweigen ausgarnieren und servieren.

Vorbereitungszeit: 10 Minuten.
Zubereitungszeit: 5 Minuten.

Weichkäseplatte

Sie benötigen für 4 Personen:

1 kleinen Rigotte blanche (Ziegenkäse)
1 Rondeau de Champagne
1 Chaource (Kuhmilchkäse)
1 deutschen Camembert
200 g französischen Brie

Außerdem:

weiße und blaue Weintrauben
2 Pfirsiche
1 Schälchen schwarze und grüne Oliven
Salzstangen
Salzbrezeln
Kastanienblätter

So wird's gemacht:

1. Die verschiedenen Weichkäsesorten bereitstellen.
2. Die Trauben waschen und gut abtropfen lassen.
3. Die Pfirsiche halbieren, entkernen und in Schnitze schneiden.
4. Eine Platte oder eine Holzscheibe mit Kastanienblättern auslegen und die Weichkäsesorte darauf dekorativ anrichten.
5. Die Zwischenräume und die Freiflächen mit den Pfirsichschnitzen, den Weintrauben, den Oliven, den Salzstangen und den Brezeln ausgarnieren und servieren.

Vorbereitungszeit: 10 Minuten.
Zubereitungszeit: 5 Minuten.

Gefülltes Partybrot

Sie benötigen für 4 Personen:

1 Kastenweißbrot oder ein französisches Stangenweißbrot
200 g Butter oder Margarine
100 g Doppelrahm-Frischkäse
100 g jungen Goudakäse
100 g gekochten Schinken
1 Zwiebel
100 g Balkangemüse (TK-Produkt)
Salz
weißen Pfeffer aus der Mühle
4 cl Weinbrand
1 Bund Schnittlauch
1 Bund Petersilie

So wird's gemacht:

1. Das Kastenweißbrot halbieren und aushöhlen.
2. Die Butter oder Margarine in einer Schüssel mit dem Frischkäse glattrühren.
3. Den Käse und den Schinken in feine Würfel schneiden, mit der feingehackten Zwiebel und dem kurz blanchierten Gemüse unter die Käsemasse mischen.
4. Mit Salz und Pfeffer abschmekken und mit dem Weinbrand aromatisieren.
5. Den feingeschnittenen Schnittlauch und die gehackte Petersilie unterziehen.
6. Die Masse in die ausgehöhlten Brothälften füllen, diese wieder zusammensetzen und im Kühlschrank erkalten lassen.
7. Vor dem Servieren in Scheiben schneiden und je nach Geschmack ausgarnieren.

Vorbereitungszeit: 15 Minuten.
Zubereitungszeit: 5 Minuten.

Pumpernickel-turm

Sie benötigen für 4 Personen:

400 g Doppelrahm-Frischkäse
4 EL süße Sahne
Salz
weißen Pfeffer aus der Mühle
einige Spritzer Worcestersoße
4 cl Weinbrand

Außerdem:

1 EL mittelscharfen Senf
1 Prise Safran
1 TL Tomatenmark
½ TL Paprikapulver
2 EL frisch gehackte Kräuter
2 EL feingehackte Zwiebeln
10 Scheiben Pumpernickel

So wird's gemacht:

1. Den Doppelrahm-Frischkäse in einer Schüssel mit der Sahne glattrühren.
2. Mit Salz, Pfeffer, Worcestersoße und Weinbrand würzen.
3. Den Frischkäse in 4 Teile teilen.
4. Einen Teil mit dem Senf und dem Safran würzen, einen anderen Teil mit dem Tomatenmark und dem Paprikapulver glattrühren und einen dritten Teil mit den Kräutern und den Zwiebeln vermischen.
5. Je 4 Scheiben abwechselnd mit dem angemachten Frischkäse bestreichen, übereinander schichten und mit der fünften Scheibe abdecken.
6. Mit einem Teller beschweren und ½ Stunde im Kühlschrank ruhen lassen.
7. Anschließend mit einem scharfen Messer in etwa 2 Zentimeter große Türmchen schneiden, auf Tellern anrichten und servieren.

Vorbereitungszeit: 45 Minuten.
Zubereitungszeit: 5 Minuten.

Roquefortcräcker

Sie benötigen für 4 Personen:

100 g Edelpilzkäse
100 g Butter oder Margarine
4 cl Weinbrand
1 Bund Schnittlauch
Salz
weißen Pfeffer aus der Mühle
1 Packung Cräcker

So wird's gemacht:

1. Den Edelpilzkäse mit der Butter oder Margarine und dem Weinbrand in einer Schüssel glattrühren.
2. Den geschnittenen Schnittlauch unterziehen und mit Salz und Pfeffer abschmecken.
3. Die Roquefortcreme auf die Cräcker spritzen, je nach Geschmack verzieren, anrichten und servieren.

Zubereitungszeit: 5 Minuten.

Pikante Käseschiffchen

Sie benötigen für 4 Personen:

8 Mürbeteigschiffchen (Fertigprodukt)
100 g jungen Goudakäse
100 g Emmentaler Käse
100 g gekochten Schinken
1 Zwiebel
1 halbe rote Paprikaschote
1 halbe grüne Paprikaschote
1 kleine Dose Mais
4 Ananasscheiben

Für das Dressing:

½ Tasse Mayonnaise
½ Becher Crème fraîche
2 EL Obstessig
1 EL mittelscharfen Senf
4 cl Weinbrand
Salz
Pfeffer aus der Mühle
1 TL mildes Currypulver
1 Bund Schnittlauch

So wird's gemacht:

1. Die Mürbeteigschiffchen bereitstellen.
2. Den Gouda, den Emmentaler und den gekochten Schinken in kleine Würfel schneiden.
3. Die Zwiebel und die Paprikaschoten putzen und ebenfalls in kleine Würfel schneiden.
4. Den Käse, den Schinken und das Gemüse in einer Schüssel mit dem Mais und den kleingeschnittenen Ananasscheiben vorsichtig vermischen.
5. Für das Dressing die Mayonnaise mit der Crème fraîche, dem Obstessig, dem Senf und dem Weinbrand glattrühren.
6. Mit Salz, Pfeffer und Currypulver abschmecken.
7. Den Salat damit anmachen.
8. In die Mürbeteigschiffchen füllen und mit Schnittlauch bestreut servieren.

Vorbereitungszeit: 10 Minuten.
Zubereitungszeit: 5 Minuten.

Winzer Käsetörtchen

Sie benötigen für 4 Personen:

8 kleine Mürbeteigtörtchen
100 g Bel Paese
100 g Steppenkäse oder Tilsiter Käse
100 g Kalbsbraten
100 g Weintrauben
100 g Erdbeeren
50 g Walnußhälften
1 Tasse Weißwein
½ Tasse Olivenöl
½ Tasse Obstessig
Salz
schwarzen Pfeffer aus der Mühle
1 Prise Zucker

Außerdem:

100 g Roquefort
50 g Butter oder Margarine
1 Kästchen Kresse

So wird's gemacht:

1. Die Mürbeteigtörtchen bereitstellen.
2. Den Bel Paese, den Steppenkäse oder den Tilsiter und den Kalbsbraten in kleine Würfel schneiden.
3. Die Weintrauben und die Erdbeeren waschen und halbieren, die Trauben entkernen.
4. Alle Zutaten sowie die Walnußhälften in eine Schüssel geben und vorsichtig miteinander vermischen.
5. Den Weißwein, das Olivenöl und den Obstessig miteinander verrühren, mit Salz, Pfeffer und Zucker abschmecken.
6. Den Salat damit anmachen und mindestens 2 Stunden im Kühlschrank ziehen lassen.
7. In der Zwischenzeit den Roquefort mit einer Gabel zerdrücken und mit der Butter oder Margarine glattrühren.
8. Den Salat auf die Mürbeteigtörtchen verteilen und mit je einem Tuff Roquefortbutter bedecken.
9. Mit Kresse garnieren und servieren.

Vorbereitungszeit: 10 Minuten.
Zubereitungszeit: 5 Minuten.

Windbeutel und Eclairs

Sie benötigen für 4 Personen:

- 1/4 l Milch
- 1 Prise Salz
- 1 EL Zucker
- 100 g Butter oder Margarine
- 150 g Mehl
- 4 Eier
- 1 Msp. Backpulver

So wird's gemacht:

1. Die Milch mit dem Salz, dem Zucker und der Butter oder Margarine in einen Topf geben und erhitzen, aber nicht kochen lassen.
2. Das Mehl einrühren und so lange rühren, bis sich der Teig vom Topfboden löst.
3. Vom Feuer nehmen und leicht erkalten lassen.
4. Die Eier nacheinander kräftig unter den Teig schlagen.
5. Anschließend das Backpulver untermischen.
6. Die Teigmasse in einen Spritzbeutel füllen und auf einem bemehlten Backblech je nach Geschmack Windbeutel, Eclairs oder andere Formen aufspritzen.
7. Im auf 180 Grad vorgeheizten Backofen 15 bis 20 Minuten ausbacken.
8. Herausnehmen, halbieren und je nach Geschmack füllen.

Vorbereitungszeit: 20 Minuten.
Backzeit: 15 bis 20 Minuten.

Kräuter-Quark-Füllung

Sie benötigen für 4 Personen:

- 250 g Sahnequark
- 1/2 Tasse Weißwein
- 1 Bund Schnittlauch
- 1 Bund Petersilie
- 1/2 Bund Zitronenmelisse
- Salz
- weißen Pfeffer aus der Mühle
- 1 Prise Muskat
- 1/2 TL gemahlenen Kümmel
- 1 Prise Zucker

So wird's gemacht:

1. Den Quark mit dem Weißwein glattrühren.
2. Den feingeschnittenen Schnittlauch, die gehackte Petersilie und die gehackte Zitronenmelisse unterziehen, mit Salz, Pfeffer, Muskat, Kümmel und Zucker abschmecken.
3. Die Kräuter-Quark-Füllung in die Windbeutel oder Eclairs füllen.

Zubereitungszeit: 5 Minuten.

Schinken-Käse-Schaum

Sie benötigen für 4 Personen:

100 g gekochten Schinken
100 g Parmesan
150 g Doppelrahm-Frischkäse
50 g Butter oder Margarine
4 cl Weinbrand
Salz
schwarzen Pfeffer aus der Mühle

So wird's gemacht:

1. Den Schinken in kleine Würfel schneiden und mit dem Parmesan in eine Schüssel geben.
2. Den Frischkäse mit der Butter und dem Weinbrand glattrühren und mit der Schinken-Käse-Mischung verrühren.
3. Mit Salz und Pfeffer abschmecken, in die Windbeutel oder Eclairs füllen.

Zubereitungszeit: 5 Minuten.

Deftige Füllung

Sie benötigen für 4 Personen:

2 EL Butter oder Margarine
100 g durchwachsenen geräucherten Speck
2 Zwiebeln
1 kleine Stange Lauch
Salz
schwarzen Pfeffer aus der Mühle
1 TL Kümmel
200 g geriebenen Emmentaler Käse

So wird's gemacht:

1. Das Fett in einer Pfanne erhitzen und den gewürfelten Speck darin auslassen.
2. Die feingehackten Zwiebeln und die geputzte, gewaschene und in Streifen geschnittene Stange Lauch dazugeben und kurz glasig schwitzen.
3. Mit Salz, Pfeffer und Kümmel abschmecken, vom Feuer nehmen und den Emmentaler unterziehen.
4. Die Windbeutel oder Eclairs damit füllen.

Vorbereitungszeit: 5 Minuten.
Zubereitungszeit: 5 Minuten.

Sherryfüllung

Sie benötigen für 4 Personen:

150 g Doppelrahm-Frischkäse
150 g Butter oder Margarine
1 EL Tomatenmark
1 Bund Basilikum
6 cl Sherry
Salz
weißen Pfeffer aus der Mühle

So wird's gemacht:

1. Den Frischkäse mit der Butter oder Margarine in einer Schüssel glattrühren.
2. Das Tomatenmark und das feingehackte Basilikum sowie den Sherry unter die Masse arbeiten.
3. Mit Salz und Pfeffer abschmecken und in die Windbeutel oder Eclairs füllen.

Zubereitungszeit: 5 Minuten.

Kräuter-Käse-Brötchen

Sie benötigen für 4 Personen:

600 g Mehl
1/4 l Milch
1 Päckchen Hefe
50 g Butter oder Margarine
2 EL Zucker
1 EL Salz
100 g geriebenen Emmentaler Käse
1 EL Kümmel

Außerdem:

2 EL Butter oder Margarine
100 g durchwachsenen geräucherten Speck
1 Zwiebel
1 Bund Petersilie
1 Bund Schnittlauch

Zum Bestreuen:

2 Eidotter
Koriander
Kardamom
grobes Salz

So wird's gemacht:

1. Das Mehl in eine Schüssel sieben.
2. Die Milch handwarm erhitzen und die Hefe hineinbröckeln.
3. So lange an einem warmen Ort stehenlassen, bis die Hefe gegangen ist.
4. Die Milch, die Butter, den Zucker und das Salz zum Mehl geben und alles zu einem kompakten Teig verarbeiten.
5. Anschließend den Emmentaler und den Kümmel unterarbeiten.
6. Die Schüssel mit einem Tuch abdecken und nochmals 1/2 Stunde gehen lassen.
7. In der Zwischenzeit die Butter oder Margarine in einer Pfanne erhitzen und den in Würfel geschnittenen Speck darin auslassen.
8. Die feingehackte Zwiebel dazugeben und glasig schwitzen.
9. Die gehackte Petersilie und den feingeschnittenen Schnittlauch untermischen, mit Salz und Pfeffer abschmecken, vom Herd nehmen und erkalten lassen.
10. Anschließend den Hefeteig nochmals gut durcharbeiten.
11. Den Hefeteig auf einer bemehlten Arbeitsfläche 1 Zentimeter dick ausrollen und runde Taler ausstechen.
12. Auf die Hälfte der Taler die Speckmischung verteilen.
13. Mit der anderen Hälfte der Taler abdecken.
14. Zu runden Brötchen formen und auf ein bemehltes Backblech setzen.
15. Zugedeckt nochmals 10 Minuten gehen lassen.
16. Im auf 200 Grad vorgeheizten Backofen 15 bis 20 Minuten backen.
17. 5 Minuten vor Backende die Brötchen mit Eigelb bestreichen, mit Koriander, Kardamom und grobem Salz bestreuen.
18. Die Brötchen herausnehmen und warm oder kalt servieren.

Vorbereitungszeit, außer der Ruhezeit: 15 Minuten.
Zubereitungszeit: 10 Minuten.
Backzeit: 15 bis 20 Minuten.

Käsestangen

Sie benötigen für 4 Personen:

200 g Mehl
200 g fein geriebenen Emmentaler Käse
200 g Butter oder Margarine
1 Prise Salz
1 Msp. Kümmel
1 Prise Zucker

Außerdem:

2 Eidotter
1 EL Kümmel
1 EL grobes Salz

So wird's gemacht:

1. Das Mehl in eine Schüssel sieben.
2. Den Emmentaler und die zerpflückte Butter dazugeben.
3. Das Salz, den Kümmel und den Zucker dazugeben und alles zu einem Teig verarbeiten.
4. Den Teig zugedeckt im Kühlschrank mindestens 1 Stunde ruhen lassen.
5. Den Teig auf einer bemehlten Arbeitsfläche 2 Zentimeter dick ausrollen und mit einem Messer in 1 Zentimeter breite Streifen schneiden.
6. Die Teigstreifen auf ein bemehltes Backblech legen.
7. Die Eidotter mit Wasser verrühren und die Teigstangen damit bestreichen.
8. Mit dem Kümmel und dem groben Salz bestreuen.
9. Im auf 200 Grad vorgeheizten Backofen 15 bis 20 Minuten backen, herausnehmen und warm oder kalt servieren.

Vorbereitungszeit, außer der Ruhezeit: 15 Minuten.
Zubereitungszeit: 5 Minuten.
Backzeit: 15 bis 20 Minuten.

Käsehörnchen

Sie benötigen für 4 Personen:

1 Paket Blätterteig (TK-Produkt)
2 Scheiben Ananas
1 kleine Dose Champignons
100 g gekochten Schinken
100 g geriebenen Emmentaler Käse
1 Bund Petersilie
Salz
Pfeffer aus der Mühle
1 Prise Muskat

Außerdem:

1 Eigelb
grobes Salz
1 EL Kümmel
1 EL Koriander
1 EL Sesam

So wird's gemacht:

1. Die Blätterteigscheiben auf einer bemehlten Fläche dünn ausrollen und in Quadrate mit jeweils 10 Zentimeter Kantenlänge schneiden.
2. Die Ananas in kleine Würfel schneiden.

3. Die Champignons in feine Scheiben schneiden.
4. Den Schinken klein würfeln und mit dem Emmentaler, der feingehackten Petersilie und den übrigen Zutaten in einer Schüssel vermischen.
5. Mit Salz, Pfeffer und Muskat abschmecken.
6. Die Masse auf die Blätterteigquadrate gleichmäßig verteilen.
7. Von einer Ecke zur anderen den Blätterteig zusammenrollen.
8. Auf ein mit Wasser leicht benetztes Backblech legen.
9. Das Eigelb mit Wasser glattrühren und die Hörnchen damit bestreichen.
10. Mit Salz, Kümmel, Koriander oder Sesam bestreuen und im auf 180 Grad vorgeheizten Backofen 15 bis 20 Minuten backen, herausnehmen, warm oder kalt servieren.

Vorbereitungszeit: 10 Minuten.
Zubereitungszeit: 5 Minuten.
Backzeit: 15 bis 20 Minuten.

Pikante Herrentorte

Sie benötigen für 1 Torte:

1 Paket Blätterteig (TK-Produkt)
1 kg Magerquark
Saft von 2 Zitronen
einige Spritzer Worcestersoße
6 cl süßen Sherry
einige Tropfen Tabasco
Salz
weißen Pfeffer aus der Mühle
3 EL mittelscharfen Senf

Außerdem:

200 g Lachsersatz
2 EL Tomatenmark
1 Bund Dill
1 Bund Schnittlauch
1 Kästchen Kresse
1 EL grüne Pfefferkörner
1 Glas Mixed Pickles
1 Glas Ketakaviar
4 gekochte Eier
2 EL gehackte Pistazien

So wird's gemacht:

1. Den Blätterteig in 3 Teile teilen.
2. Auf einer bemehlten Arbeitsfläche ausrollen, drei runde, gefettete Backformen damit füllen und die drei Böden einzeln bei 180 Grad 15 bis 20 Minuten backen, herausnehmen und erkalten lassen.
3. In der Zwischenzeit den Magerquark mit dem Zitronensaft glattrühren.
4. Mit Worcestersoße, Sherry, Tabasco, Salz, Pfeffer und Senf würzen.
5. Ein Viertel des Quarks mit dem pürierten Lachsersatz und dem Tomatenmark glattrühren.
6. Ein weiteres Viertel mit den verlesenen, gewaschenen, feingehackten Kräutern und den gehackten Pfefferkörnern mischen.
7. Den untersten Boden mit dem Kräuterquark bestreichen, mit dem zweiten Boden abdecken.
8. Diesen nun mit dem Lachsquark bestreichen und mit dem dritten Boden bedecken.
9. Die restliche Masse darauf und an den Seiten gleichmäßig verteilen.
10. Mit einem Messer die Tortenstücke einteilen und auf jedes Tortenstück 1 Tuff Quark mit dem Spritzbeutel spritzen.
11. Mit den Mixed Pickles und dem Ketakaviar garnieren.
12. Die hartgekochten Eier fein hacken, mit den Pistazien vermischen und den Rand der Torte damit bestreuen.
13. Die Torte im Kühlschrank erkalten lassen.
14. Dazu reicht man Toastbrot und einen trockenen Weißwein.

Vorbereitungszeit, ohne das Auskühlen: 25 Minuten.
Zubereitungszeit: 15 Minuten.

»Trocken

Fleischzaubereien, die jeden begeistern

Das große Bratenstück war schon bei den Festgelagen der alten Römer oder bei den Festtafeln am Hofe des Sonnenkönigs immer mit eine der Hauptattraktionen.
So ist es auch in der modernen Küche. In der kalten Küche werden diese Schlemmereien besonders liebevoll zubereitet, garniert und serviert.

Kalbsfilet mit Lachsfüllung

Sie benötigen für 4 Personen:

1 kg Kalbsfilet
250 g geräucherten Lachs
2 EL Butter oder Margarine
2 EL gemischte gehackte Kräuter
1 TL grüne Pfefferkörner
Salz
weißen Pfeffer aus der Mühle

Außerdem:

Küchenschnur
Fett zum Braten
Alufolie

So wird's gemacht:

1. Das Kalbsfilet unter fließendem Wasser abwaschen und trockentupfen.
2. Das Kalbsfilet mit einem Messer der Länge nach so halbieren, daß das Fleisch noch an einer Seite zusammenhält.
3. Den Lachs in Scheiben schneiden und das Filet damit belegen.
4. Die Butter mit den Kräutern und den Pfefferkörnern vermischen, mit Salz und Pfeffer abschmecken.
5. Die Buttermischung auf den Lachs verteilen.
6. Das Filet anschließend zusammenklappen, mit der Küchenschnur binden, salzen und pfeffern.
7. Das Fett in einem Bräter erhitzen, das Filet rundherum Farbe nehmen lassen, in den auf 200 Grad vorgeheizten Bratofen schieben und 25 bis 30 Minuten garen.
8. Herausnehmen, in Alufolie wickeln und erkalten lassen.
9. In dünne Scheiben schneiden, anrichten und servieren.

Vorbereitungszeit: 10 Minuten.
Garzeit: 25 bis 30 Minuten.

Gefüllte Kalbsbrust nach Art der Gärtnerin

Sie benötigen für 4 Personen:

1,5 kg Kalbsbrust ohne Knochen
400 g feines Bratwurstbrät
½ Tasse süße Sahne
2 Eier
Salz
schwarzen Pfeffer aus der Mühle
1 Prise Muskat
1 Bund Petersilie
1 Bund Schnittlauch
200 g feine Gemüsemischung (TK-Produkt)

Außerdem:

Fett zum Braten
¼ l Weißwein
Küchenschnur

So wird's gemacht:

1. Die Kalbsbrust unter fließendem Wasser abwaschen und trockentupfen.
2. Mit dem Messer eine Tasche einschneiden.
3. Das Bratwurstbrät in eine Schüssel geben, mit der Sahne und den Eiern glattrühren.
4. Mit Salz, Pfeffer und Muskat würzen.
5. Die gehackte Petersilie, den geschnittenen Schnittlauch und die Gemüsemischung unter das Kalbsbrät mischen.
6. Die Masse in die Kalbsbrust füllen und zunähen.
7. Das Fett in einem Bräter erhitzen und die Kalbsbrust rundherum Farbe nehmen lassen.
8. Im auf 200 Grad vorgeheizten Backofen 70 bis 80 Minuten garen.
9. Während der Garzeit öfter mit dem Weißwein ablöschen.
10. Herausnehmen, erkalten lassen und anrichten.

Vorbereitungszeit: 15 Minuten.
Garzeit: 70 bis 80 Minuten.

Süßscharfer Schweinenacken

Sie benötigen für 4 Personen:

1 kg Schweinenacken ohne Knochen
Salz
schwarzen Pfeffer aus der Mühle
4 Knoblauchzehen
Fett zum Braten
Bier zum Ablöschen

Für die Glasur:

1 Tasse Tomatenketchup
½ Tasse Honig
½ Tasse Essig
einige Spritzer Tabasco
1 EL getrockneten Majoran
1 TL getrockneten Thymian
4 cl Weinbrand

So wird's gemacht:

1. Den Schweinenacken unter fließendem Wasser abwaschen und trockentupfen.
2. Salzen, pfeffern und mit den geschälten und in Stifte geschnittenen Knoblauchzehen spicken.
3. Das Fett in einem Bräter erhitzen und den Schweinenacken darin rundherum Farbe nehmen lassen.
4. Im auf 200 Grad vorgeheizten Backofen 60 Minuten garen.
5. Während der Garzeit öfter mit Bier ablöschen.
6. In der Zwischenzeit den Tomatenketchup mit dem Honig und dem Essig glattrühren.
7. Mit Tabasco, Majoran und Thymian würzen, mit Weinbrand aromatisieren.
8. 15 Minuten vor Garende den Schweinenacken mit der Glasur bestreichen.
9. Nach Garende den Braten herausnehmen, erkalten lassen, in Scheiben schneiden, anrichten, je nach Geschmack garnieren und servieren.

Vorbereitungszeit: 10 Minuten.
Garzeit: 60–70 Minuten.

Schweinebrust mit Kräuter-Käse-Füllung

Sie benötigen für 4 Personen:

1,5 kg Schweinebrust ohne Knochen
Salz
schwarzen Pfeffer aus der Mühle
500 g feines Kalbsbrät
½ Tasse süße Sahne
2 Eier
1 Bund Schnittlauch
1 Bund Petersilie
1 Bund Estragon
100 g gekochten Schinken
100 g Goudakäse
1 TL geriebene Zitronenschale
1 EL getrockneten Majoran

Außerdem:

Fett zum Braten
1 Flasche Bier
Küchenschnur

So wird's gemacht:

1. Die Schweinebrust unter fließendem Wasser abwaschen, trockentupfen und mit dem Messer eine Tasche einschneiden.
2. Mit Salz und Pfeffer innen und außen würzen.
3. Das Kalbsbrät mit der Sahne und den Eiern in einer Schüssel glattrühren.
4. Den Schnittlauch fein schneiden, die Petersilie und den Estragon fein hacken.
5. Mit dem in Würfel geschnittenen Schinken und dem Gouda unter die Kalbsbrätmasse arbeiten.
6. Mit der Zitronenschale, mit Majoran, Salz und Pfeffer abschmecken.
7. Die Masse in die Schweinebrust füllen und mit Küchenschnur zunähen.
8. Fett in einem Bräter erhitzen und die Schweinebrust darin rundherum Farbe nehmen lassen.
9. Im auf 200 Grad vorgeheizten Backofen 70 bis 80 Minuten garen.
10. Während der Garzeit öfter mit Bier ablöschen.
11. Kalt oder warm servieren.

Vorbereitungszeit: 15 Minuten.
Garzeit: 70 bis 80 Minuten.

Provençalische Lammkeule

Sie benötigen für 4 Personen:

1 kg Lammkeule ohne Knochen
Salz
schwarzen Pfeffer aus der Mühle
2 EL mittelscharfen Senf
1 EL grüne Pfefferkörner
1 EL geriebene Zitronenschale
1 EL getrockneten Majoran
1 EL getrockneten Thymian
4 EL Olivenöl

Außerdem:

Küchenschnur

So wird's gemacht:

1. Die Lammkeule unter fließendem Wasser abwaschen und trockentupfen.
2. Salzen und pfeffern.
3. Den Senf mit den Pfefferkörnern, der Zitronenschale, dem Majoran, dem Thymian und dem Olivenöl glattrühren.
4. Die Lammkeule damit gleichmäßig bestreichen.
5. Mit der Küchenschnur binden, auf ein Grillgitter legen und im auf 220 Grad vorgeheizten Ofen 45 Minuten garen.
6. Das Fleisch soll innen noch leicht rosa sein. Anschließend das Fleisch herausnehmen, erkalten lassen, in dünne Scheiben schneiden, anrichten, je nach Geschmack garnieren und servieren.

Vorbereitungszeit: 10 Minuten.
Garzeit: 45 bis 50 Minuten.

½ L

Bündner Filet

Sie benötigen für 4 Personen:

1 kg Rinderfilet
50 g Bündnerfleisch
100 g Doppelrahm-Frischkäse
1 Ei
2 EL Parmesan
1 Bund Petersilie
Salz
schwarzen Pfeffer aus der Mühle

Außerdem:

Fett zum Braten
Küchenschnur
Alufolie

So wird's gemacht:

1. Das Rinderfilet mit einem Messer der Länge nach so halbieren, daß eine Seite des Fleisches noch zusammenhängt.
2. Das Bündnerfleisch in kleine Würfel schneiden.
3. Mit dem Frischkäse, dem Ei, dem Parmesan und der feingehackten Petersilie in einer Schüssel vermischen.
4. Mit Salz und Pfeffer abschmekken.
5. Auf das Filet verteilen und das Fleisch anschließend zusammenklappen.
6. Mit der Küchenschnur binden.
7. Das Fett in einem Bräter erhitzen und das Filet rundherum Farbe nehmen lassen.
8. Im auf 200 Grad vorgeheizten Backofen 25 Minuten garen, herausnehmen und in Alufolie wickeln.
9. Wenn das Fleisch erkaltet ist, in dünne Scheiben schneiden, anrichten und servieren.

Vorbereitungszeit: 10 Minuten.
Garzeit: 25 bis 30 Minuten.

Roastbeef aus der Salzkruste

Sie benötigen für 4 Personen:

1 kg ausgelöstes Roastbeef
1 Bund Thymian
1 Bund Rosmarin

Außerdem:

4 Eiweiß
1 kg Salz
4 Knoblauchzehen
4 EL Mehl
½ Tasse Wasser
Alufolie

So wird's gemacht:

1. Das Roastbeef unter fließendem Wasser abwaschen und trockentupfen.
2. Die Kräuter verlesen.
3. Das Eiweiß in einer Schüssel zu steifem Schnee schlagen.
4. Unter ständigem Rühren das Salz vorsichtig unterschlagen.
5. Die gehackten Knoblauchzehen mit dem Mehl und dem Wasser unter den Salzteig arbeiten.
6. Die Alufolie auf einem Backblech auslegen und den Boden dünn mit Salzteig bestreichen.
7. Das Roastbeef darauflegen und die Kräuter auf dem Fleisch verteilen.
8. Den restlichen Salzteig so über das Fleisch verteilen, daß es ganz verschlossen wird.
9. Den Teig mit einer Palette glattstreichen.
10. In den auf 200 Grad vorgeheizten Backofen schieben und 1 Stunde garen.
11. Herausnehmen und mindestens 2 Stunden erkalten lassen.
12. Die Salzkruste aufschlagen, das Fleisch herausnehmen und in dünne Scheiben schneiden.

Vorbereitungszeit: 15 Minuten.
Garzeit: 60 Minuten.

Die feine Wurstplatte

Sie benötigen für 4 Personen:

100 g Roastbeef in Scheiben
100 g gepökelte, geräucherte Zunge in Scheiben
100 g kalten Braten in Scheiben
100 g rohen Schinken in Scheiben
100 g gefüllten, kalten Braten in Scheiben
80 g Bündnerfleisch

Außerdem:

Spargel
Essiggemüse
1 Honigmelone
Mandarinenfilets
1 Orange
Paprikastreifen aus dem Glas
Champignons aus dem Glas

So wird's gemacht:

1. Die Wurstscheiben sortengleich auf einer Platte anrichten.
2. Die einzelnen Zwischenräume mit Honigmelonenschnitzen, Essiggemüse oder Spargelröllchen ausgarnieren.
3. Das Bündnerfleisch zu Röschen formen und dekorativ in die Platte integrieren.
4. Mit Kräutern ausgarnieren und servieren.
5. Dazu reicht man feine Brotsorten, französisches Stangenweißbrot oder Toast.
6. Zu den feinen Wurstplatten werden auch sehr gerne Cocktailsoßen serviert.
7. Als Getränk paßt hierzu Rot- oder Weißwein oder auch ein kühles Bier. Auch Sekt oder Champagner sind nicht zu verachten.

Vorbereitungszeit: 10 Minuten.
Zubereitungszeit: 10 Minuten.

Gemischte Bratenplatte mit Essiggemüse

Sie benötigen für 4 Personen:

200 g Schweinebraten
200 g Kalbsbraten
150 g Kasselerbraten
150 g Grillschinken
100 g Bündnerfleisch

Außerdem:

3 Kiwis
Belegkirschen
3 hartgekochte Eier
1 Tasse Mayonnaise
Salatblätter
1 kleines Glas Essiggemüse
Kräuterzweige

So wird's gemacht:

1. Das Fleisch schon beim Einkauf in dünne Scheiben schneiden lassen.
2. Den Schweinebraten und den Kalbsbraten in der Mitte übereinanderschlagen und auf einer runden Platte am Rand dekorativ anrichten.
3. Die Kiwis schälen, in Scheiben schneiden und auf den Fleischscheiben kreisförmig anrichten.
4. Jeweils mit einer Belegkirsche garnieren.
5. Die Kasslerscheiben und die Grillschinkenscheiben zusammenrollen und kreisförmig an die Bratenscheiben legen.
6. Die Röllchen mit den Eiern belegen und mit je einem Tuff Mayonnaise garnieren.
7. Das Bündnerfleisch zu Röschen formen und den Kreis, außer einer kleinen Öffnung, schließen.
8. Die Salatblätter in die Öffnung legen und mit dem Essiggemüse füllen.
9. Mit Kräuterzweigen ausgarnieren und servieren.

Vorbereitungszeit: 10 Minuten.
Zubereitungszeit: 10 Minuten.

Einfache Aufschnittplatte

Sie benötigen für 4 Personen:

150 g gekochten Schinken
1 kleine Dose Spargel
200 g Kasseler
200 g Schweinebraten
150 g gepöckelte Zunge
150 g rohen Schinken
½ Ananas
Mandarinenfilets
150 g Butter
Kräuterzweige

So wird's gemacht:

1. Schon beim Einkauf die Wurst in dünne Scheiben schneiden lassen.
2. Den gekochten Schinken auf einer Arbeitsplatte auslegen, den gut abgetropften Spargel darauflegen und den Schinken zusammenrollen.
3. Die Ananas mit den Mandarinenfilets belegen und die zu Röllchen geformte Butter darauf verteilen.
4. Die Ananas in eine Ecke einer rechteckigen Platte setzen.
5. Das Kasseler, den Schweinebraten und die gepökelte Zunge von diesem Punkt aus halbmondförmig auf der Platte anrichten.
6. Die gegenüberliegende Seite der Ananas mit den Spargelröllchen belegen.
7. Mit dem gefalteten Schinken die entstandene Öffnung verschließen.
8. Mit Kräuterzweigen garnieren und servieren.

Vorbereitungszeit: 10 Minuten.
Zubereitungszeit: 5 Minuten.

Würzig marinierte Rinderlende

Sie benötigen für 4 Personen:

600 g gut abgehangene Rinderlende
1 Zwiebel
1 Bund Frühlingszwiebeln
2 Scheiben Ananas
1 EL grüne Pfefferkörner
1 Tasse Weißwein
1 Tasse trockenen Sherry
Saft von einer Zitrone
½ Tasse Obstessig
1 Tasse Olivenöl
1 Bund Schnittlauch
1 Bund Zitronenmelisse
Pfeffer aus der Mühle
einige Tropfen Pfeffersoße
einige Tropfen Sojasoße
1 Prise Zucker

So wird's gemacht:

1. Die Rinderlende in hauchdünne Scheiben schneiden und auf eine tiefe Platte legen.
2. Die Zwiebeln fein hacken und die gewaschenen Frühlingszwiebeln in dünne Streifen schneiden.
3. Die Ananas in sehr feine Würfel schneiden, mit dem Gemüse und den Pfefferkörnern in eine Schüssel geben.
4. Mit dem Weißwein, dem Sherry, dem Zitronensaft, dem Essig und dem Öl anmachen.
5. Den geschnittenen Schnittlauch und die gehackte Zitronenmelisse untermischen.
6. Mit Salz, Pfeffer, Pfeffersoße, Sojasoße und dem Zucker kräftig abschmecken.
7. Die Marinade über die Filetscheiben geben und zugedeckt im Kühlschrank mindestens 24 Stunden marinieren.
8. Das Fleisch auf einer Platte anrichten und servieren.

Vorbereitungszeit ohne das Marinieren: 10 Minuten.
Zubereitungszeit: 5 Minuten.

Einfache Medaillonplatte

Sie benötigen für 4 Personen:

16 kleine Schweinemedaillons
Salz
weißen Pfeffer aus der Mühle
Butter oder Margarine zum Braten

Für die Garnitur:

1 hartgekochtes Ei
1 Essiggurke
2 gefüllte Oliven
100 g Doppelrahm-Frischkäse
4 cl Weinbrand
2 EL mittelscharfen Senf
1 Prise Zucker
Champignonköpfe
Kräuterzweige
Kiwischeiben
Mandarinenfilets
Belegkirschen
Apfelschnitze
Orangenfilets

So wird's gemacht:

1. Die Medaillons salzen, pfeffern und in der Butter oder Margarine braten. Herausnehmen und erkalten lassen.
2. Die Medaillons gleichmäßig auf einer Platte anrichten.
3. 4 Medaillons mit Eischeiben, Essiggurkenscheiben und halbierten Oliven belegen.
4. Den Doppelrahm-Frischkäse mit dem Weinbrand und dem Senf glattrühren. Mit Salz, Pfeffer und Zucker würzen und auf 8 Medaillons spritzen.
5. 4 der bespritzten Medaillons mit Champignonköpfen und Kräuterzweigen garnieren.
6. Die restlichen 4 mit Apfelschnitzen und Orangenfilets garnieren.
7. Die übriggebliebenen Medaillons mit Kiwischeiben, Mandarinenfilets und Belegkirschen ausgarnieren und die Platte so servieren.

Vorbereitungszeit: 20 Minuten.
Zubereitungszeit: 5 Minuten.

Fleischzubereitung

Sie benötigen für 4 Personen:

8 Medaillons vom Rind, Schwein oder Kalb
Salz
schwarzen Pfeffer aus der Mühle
Fett zum Braten
4 cl Weinbrand

Außerdem:

Alufolie

So wird's gemacht:

1. Die Medaillons salzen und pfeffern.
2. Das Fett in einer Pfanne erhitzen und die Medaillons darin je nach Geschmack medium oder durchbraten.
3. Anschließend mit dem Weinbrand flambieren.
4. Herausnehmen, jedes Medaillon in Alufolie wickeln und erkalten lassen.
5. Mit der Garnitur Ihrer Wahl verzieren, anrichten und servieren.

Zubereitungszeit: 5 bis 10 Minuten.

Feinschmeckergarnitur

Sie benötigen für 4 Personen:

100 g Gänseleberparfait
2 EL süße Sahne
2 cl Weinbrand
Cocktailkirschen
Melissenblättchen

So wird's gemacht:

1. Das Gänseleberparfait mit der Sahne und dem Weinbrand glattrühren und auf die Medaillons spritzen.
2. Mit Cocktailkirschen und Melissenblättchen garnieren.

Zubereitungszeit: 5 Minuten.

Garnitur Madame

Sie benötigen für 4 Personen:

100 g Doppelrahm-Frischkäse
2 EL süße Sahne
2 EL Mandarinenpüree
2 cl Orangenlikör
1 EL gehackte Zitronenmelisse
2 EL Keta-Kaviar
8 Garnelen
Melissenblättchen

So wird's gemacht:

1. Den Doppelrahm-Frischkäse mit der Sahne, dem Mandarinenpüree und dem Orangenlikör verrühren.
2. Die Zitronenmelisse untermischen und diese Masse auf die Medaillons spritzen.
3. Mit dem Keta-Kaviar und den Garnelen verzieren und mit den Melissenblättchen garnieren.

Zubereitungszeit: 5 Minuten.

Roquefortgarnitur

Sie benötigen für 4 Personen:

100 g Roquefort
4 EL Crème fraîche
2 cl Weinbrand
Kiwistückchen

So wird's gemacht:

1. Den Roquefort in eine Schüssel geben, mit einer Gabel zerdrücken, mit der Crème fraîche und dem Weinbrand zu einer glatten Masse rühren.
2. Je ein Kiwistückchen auf ein Medaillon legen und die Roquefortcreme daraufspritzen.
3. Mit Kräuterzweigen garnieren und servieren.

Zubereitungszeit: 5 Minuten.

Kräutergarnitur

Sie benötigen für 4 Personen:

100 g Kräuterschmelzkäse
3 EL Crème fraîche
Saft von ½ Zitrone
2 EL gemischte gehackte Kräuter
Kräuterzweige

So wird's gemacht:

1. Den Kräuterschmelzkäse in einer Schüssel mit einer Gabel zerdrücken und mit der Crème fraîche und dem Zitronensaft glattrühren.
2. Die gehackten Kräuter untermischen und die Masse auf die Medaillons spritzen.
3. Mit Kräuterzweigen garnieren und servieren.

Zubereitungszeit: 5 Minuten.

Johannisbeer-Meerrettich-Garnitur

Sie benötigen für 4 Personen:

50 g Mayonnaise
50 g Doppelrahm-Frischkäse
2 EL Meerrettich
2 EL Johannisbeergelee
Johannisbeeren
Kräuterzweige

So wird's gemacht:

1. Die Mayonnaise mit dem Frischkäse, dem Meerrettich und dem Johannisbeergelee in einer Schüssel glattrühren.
2. Die Masse auf die Medaillons spritzen.
3. Mit Johannisbeeren und Kräuterzweigen garnieren und servieren.

Zubereitungszeit: 5 Minuten.

Deftige Aufschnittplatte

Sie benötigen für 4 Personen:

150 g Rotwurst in Scheiben
150 g Sülzwurst oder Preßsack in Scheiben
150 g grobe Salami in Scheiben
150 g Fleischkäse in Scheiben
150 g grobe Leberwurst in Scheiben

Außerdem:

Essiggurken
Tomaten
Karotten
Paprika
Radieschen
säuerlicher Apfel
Orange
Salatblätter
Kresse oder andere Kräuter

So wird's gemacht:

1. Die Wurstscheiben auf einer runden Platte dekorativ anrichten.
2. In die Mitte der Platte die Leberwurstscheiben als Rosette anrichten. Darauf kommt eine Rose aus Apfelschale.
3. Mit den Tomaten, den Radieschen, den Karotten, den Essiggurken, den Paprika-, Apfel- und Orangenschnitzen, den Salatblättern und den Kräutern die Platte ausgarnieren.
4. Dazu reicht man deftiges Bauernbrot, grobkörniges Vollkornbrot, Brötchen und Brezeln.
5. Butter- und Schmalzmischungen gehören dazu, ebenso hausgemachter Senf oder eingelegtes Gemüse.
6. Als Getränk paßt natürlich ein gutgezapftes Bier und ein Klarer.

Vorbereitungszeit: 10 Minuten.
Zubereitungszeit: 10 Minuten.

Deftiger Wurstkorb

Sie benötigen für 4 Personen:

200 g Wacholdersalami
200 g geräuchertes Bauchfleisch
200 g geräucherten Schinken
1 Paar Landjäger
1 Paar Regensburger
1 Paar Wiener Würstchen
1 Paar geräucherte Mettwürstchen
1 Paar Krakauer

Außerdem:

4 Kopf Salat
8 Tomaten
2 Bund Radieschen
4 kleine Äpfel
frisch geriebenen Meerrettich
1 Schälchen süßen Senf
1 Schälchen scharfen Senf
1 Schälchen Essiggemüse

So wird's gemacht:

1. Die Wacholdersalami, das Bauchfleisch und den Schinken schon beim Einkaufen in Scheiben schneiden lassen.
2. Auf einer runden Platte sortengleich dekorativ anrichten.
3. Einen kleinen, niedrigen Spankorb mit dem Kopfsalat auslegen.
4. Die Wurstplatte darauflegen.
5. Die Würstchen rundherum dekorativ anrichten.
6. Die gewaschenen Tomaten und Radieschen sowie die Äpfel mit in den Korb legen.
7. Den Meerrettich, den Senf und das Essiggemüse auf die Holzplatte stellen und so servieren.

Vorbereitungszeit: 5 Minuten.
Zubereitungszeit: 10 Minuten.

Brotzeit-Brett

Sie benötigen für 4 Personen:

1 Paar Debrecziner
1 Paar Landjäger
1 Paar Krakauer
1 Paar Regensburger
150 g Zungenrotwurst
150 g Bierschinken
150 g gepökeltes Bauchfleisch
4 Scheiben Bauernmettwurst
4 Scheiben grobe Leberwurst
1 Bund Radieschen
1 Rettich
2 Tomaten
1 Bund Petersilie

So wird's gemacht:

1. Die Würstchen als Blickfang an das Ende eines länglichen Holzbrettes legen.
2. Von diesem Punkt aus sortengleich Rotwurstscheiben, Bierschinkenscheiben, Bauchfleischscheiben und die Streichwurstscheiben anrichten.
3. Die Zwischenräume mit Radieschen, Rettichscheiben und Tomatenachteln auslegen und mit Petersiliensträußchen garnieren.
4. Wenn die Platte groß genug ist, deftige Brotsorten oder Brezeln und Salzstangen darauf anrichten und servieren.

Vorbereitungszeit: 10 Minuten.
Zubereitungszeit: 5 Minuten.

Bayerische Schmankerlplatte

Sie benötigen für 4 Personen:

150 g roten Preßsack
150 g weißen Preßsack
150 g Schwarzgeräuchertes
150 g Zungenwurst
150 g Bierschinken
150 g Gelbwurst
200 g Fleischsalat
einige Salatblätter
1 Bund Radieschen
4 Tomaten
4 Essiggurken
1 Topf Kräuterschmalz
1 Topf Apfelschmalz
Kräuterzweige

So wird's gemacht:

1. Die verschiedenen Wurstsorten schon beim Metzger in Scheiben schneiden lassen.
2. Den Fleischsalat bereitstellen.
3. Die Salatblätter waschen und gut abtropfen lassen.
4. Die Radieschen und die Tomaten ebenfalls waschen.
5. Eine Ecke einer ovalen Baumscheibe mit den Salatblättern auslegen und den Fleischsalat darauf anrichten.
6. Die Radieschen, die Tomaten, die Essiggurken und die Schmalztöpfchen rundherum dekorieren.
7. Den roten und den weißen Preßsack halbieren und vom Blickfang ausgehend die Ränder der Platte exakt belegen.
8. Das Schwarzgeräucherte falten.
9. Die Bierschinken- und Gelbwurstscheiben einmal übereinanderschlagen und sortengleich im Anschluß an die Preßsackscheiben legen.
10. Das Schwarzgeräucherte in der Mitte der Platte anrichten.
11. Mit Kräutern Ihrer Wahl ausgarnieren und servieren.

Vorbereitungszeit: 10 Minuten.
Zubereitungszeit: 5 Minuten.

Deftiges Pferdekumett

Sie benötigen für 4 Personen:

1 mittelgroße Pfeffersalami
1 mittelgroße Fleischwurst
1 mittelgroße grobe Leberwurst
1 mittelgroße Rotwurst
300 g Wacholdergeräuchertes
300 g Buchenholzgeräuchertes
300 g Westfälischen Knochenschinken
1 Pfeffersäckchen
1 Salamitaler
1 rohgeräucherte Extrawurst

Für die Garnitur:

Tomaten
Paprikaschoten
Petersilie

Außerdem:

1 Pferdekumett

So wird's gemacht:

1. Das Pferdekumett vor dem Gebrauch kräftig waschen und gut abtrocknen.
2. Anschließend in die Öffnung Holzbrettchen einbauen.
3. Die verschiedenen Würste und Schinkenstücke auf den Brettchen dekorativ anrichten.
4. Mit den Tomaten, den Paprikaschoten und der Petersilie ausgarnieren und servieren.

Vorbereitungszeit: 10 Minuten
Zubereitungszeit: 5 Minuten

Süßsaurer Schweinebauch mit Käsepanade

Sie benötigen für 4 Personen:

1 kg mageren Schweinebauch
1/4 l Weißwein
1 Tasse Essig
3/4 l Fleischbrühe
2 Lorbeerblätter
1 TL Nelken
1 TL Wacholderbeeren
1 EL schwarze Pfefferkörner
1 EL Salz
1 Bund Suppengemüse

Außerdem:

1 Tasse Mehl
2 Eier
1 Tasse Semmelbrösel
100 g geriebenen Emmentaler Käse
Fett zum Ausbacken
Zitronenscheiben
Zitronenmelisse

So wird's gemacht:

1. Den Schweinebauch unter fließendem Wasser abwaschen und trockentupfen.
2. Den Weißwein, den Essig und die Fleischbrühe in einem Topf erhitzen.
3. Die Lorbeerblätter, die Nelken, die Wacholderbeeren, die Pfefferkörner, das Salz und das gewaschene Suppengemüse dazugeben.
4. Den Schweinebauch in den Sud geben und bei mittlerer Temperatur 60 Minuten garen.
5. Herausnehmen und in Scheiben schneiden.
6. Nachdem die Schweinebauchscheiben erkaltet sind, zuerst in Mehl, dann in den verquirlten Eiern und anschließend in den mit dem Käse vermischten Semmelbröseln binden.
7. Das Fett in einer Pfanne erhitzen und den panierten Schweinebauch darin goldbraun braten.
8. Herausnehmen, anrichten, mit geriebenem Käse, Zitronenscheiben und Zitronenmelissenblättchen garnieren und servieren.

Werden Schweinebauch und Schnitzel auf einer Platte serviert, setzt man dazwischen Kiwihälften mit einem Tuff Quark, einer Belegkirsche und Kräutern sowie geraspelte Karotten auf Salatblättern.

Vorbereitungszeit: 70 Minuten.
Zubereitungszeit: 20 Minuten.

Zitronenschnitzel

Sie benötigen für 4 Personen:

8 Kalbsschnitzel à 100 g
Salz
schwarzen Pfeffer aus der Mühle
1 Tasse Mehl
2 Eier
1 Tasse Semmelbrösel
1 EL geriebene Zitronenschale
1 Bund Zitronenmelisse
Fett zum Braten
Saft von 2 Zitronen

Garnitur:

Sardellenringe
Kapern
Tomatenscheiben
Petersilie

So wird's gemacht:

1. Die Kalbsschnitzel dünn klopfen, salzen und pfeffern.
2. Die Schnitzel zuerst in Mehl, anschließend in den Eiern und dann in den mit Zitronenschale und gehackter Zitronenmelisse vermischten Semmelbröseln panieren.
3. Das Fett in einer Pfanne erhitzen und die Zitronenschnitzel darin goldgelb braten.
4. Mit Zitronensaft beträufeln und anrichten.
5. Mit Sardellenringen, Kapern und Tomatenscheiben garnieren, mit Petersilie verzieren.

Vorbereitungszeit: 20 Minuten.
Zubereitungszeit: 5 Minuten.

Deftige Hamburger

Sie benötigen für 4 Personen:

500 g durchwachsenes Lammfleisch
1 Zwiebel
50 g durchwachsenen, geräucherten Speck
1 Bund Petersilie
1 Ei
2 EL Semmelbrösel
1 EL grüne Pfefferkörner
2 EL mittelscharfen Senf
2 Knoblauchzehen
1 TL Salz
1 Prise Cayennepfeffer
Salz
schwarzen Pfeffer aus der Mühle
1 TL getrockneter Majoran
4 cl Weinbrand
Fett zum Braten

Außerdem:

4 Sesambrötchen
2 EL Remouladensoße
einige Scheiben Bündnerfleisch
Salatblätter
Tomatenscheiben
Zwiebelringe
Paprikawürfel
gefüllte Oliven
Radieschen
Mayonnaise

So wird's gemacht:

1. Das Lammfleisch mit der Zwiebel, dem Speck und der verlesenen Petersilie durch die feine Scheibe des Fleischwolfes drehen.
2. In einer Schüssel mit dem Ei, den Semmelbröseln, den Pfefferkörnern, dem Senf und den mit Salz zerriebenen Knoblauchzehen zu einer kompakten Masse verrühren.
3. Mit Cayennepfeffer, Salz, Pfeffer und Majoran würzen, mit dem Weinbrand aromatisieren und mit feuchten Händen zu vier Hamburgern formen.
4. Das Fett in einer Pfanne erhitzen und die Hamburger darin braten.
5. Die Brötchen halbieren und mit Remoulade bestreichen. Salatblätter darauflegen und die Hamburger obenauf geben.
6. Mit Bündnerfleisch, Zwiebelringen, Paprikawürfeln, Tomatenscheiben, Radieschen und Oliven garnieren.
7. Mit der anderen Brötchenhälfte belegen, mit Kräutern garnieren, einen Tupfen Mayonnaise dazugeben und servieren.

Vorbereitungszeit: 15 Minuten.
Zubereitungszeit: 5 Minuten.

Scharfe Rippchen

Sie benötigen für 4 Personen:

1,5 kg Spare-Ribs
Salz
schwarzen Pfeffer aus der Mühle

Für die Glasur:

1 Tasse Honig
½ Tasse Tomatenketchup
2 Knoblauchzehen
1 TL Salz
2 Peperoni
4 EL Essig
4 cl Weinbrand
1 EL Paprikapulver, edelsüß
1 TL Curry
2 EL getrocknete Kräuter der Provence

So wird's gemacht:

1. Die Spare-Ribs unter fließendem Wasser abwaschen und trockentupfen.
2. Salzen, pfeffern und in den auf 220 Grad vorgeheizten Backofen schieben.
3. Den Honig mit dem Tomatenketchup glattrühren.
4. Die Knoblauchzehen mit Salz zerreiben, die Peperonis fein hacken und mit dem Essig und dem Weinbrand unter die Honigglasur rühren.
5. Mit Paprika, Curry und den Kräutern der Provence vermischen.
6. Die Spare-Ribs während der etwa 40minütigen Garzeit öfter mit der Glasur bestreichen.
7. Herausnehmen, mit einem scharfen Messer die Rippchen zerkleinern, anrichten und servieren.

Vorbereitungszeit: 5 Minuten.
Zubereitungszeit: 40 bis 50 Minuten.

Delikatessen aus Feld, Wald und Wasser

Geflügel, Wild und Fisch dürfen natürlich auf Ihren Platten nicht fehlen. Zudem gibt es sehr viele Möglichkeiten, diese Produkte mit dem geringsten Aufwand zu variieren.
Wir wollen Ihnen in diesem Kapitel zeigen, wie einfach es ist, diese Delikatessen zu einem Erlebnis zu machen.

Seezungenröllchen Katinka

Sie benötigen für 4 Personen:

8 Seezungenfilets
2 Tassen Weißwein
Saft von 1 Zitrone
1 Tasse Calvados
2 EL Essig
1 gespickte Zwiebel
1 TL Salz
etwas Speisewürze
1 Prise Safran
1 Becher Crème fraîche
1 Bund Dill
100 g Crevetten
Salz
weißen Pfeffer aus der Mühle
2 Tomaten

So wird's gemacht:

1. Die Seezungen unter fließendem Wasser waschen und zu Röllchen formen.
2. Den Weißwein, den Zitronensaft, den Calvados, den Essig und die Zwiebel in einem Topf erhitzen. Mit Salz und Speisewürze abschmecken.
3. Die Seezungenröllchen einsetzen und zugedeckt bei mittlerer Hitze 8 bis 10 Minuten garziehen lassen.
4. Herausnehmen und den Sud in einen anderen Topf durch ein Sieb passieren.
5. Den Sud auf ein Viertel einreduzieren, den Safran dazugeben, die Crème fraîche unterrühren und zu einer sämigen Soße verkochen.
6. Den feingehackten Dill und die Crevetten untermischen, mit Salz und Pfeffer abschmecken.
7. Erkalten lassen, auf eine Platte gießen und die Seezungenröllchen einsetzen.
8. Die Tomaten enthäuten, entkernen, in Würfel schneiden und die Röllchen bestreuen.

Vorbereitungszeit: 15 Minuten.
Zubereitungszeit ohne Auskühlzeit: 10 Minuten.

Rohmarinierte Lachsforellenfilets

Sie benötigen für 4 Personen:

2 Lachsforellen à 400 g
1 kleine Zwiebel
½ Bund Schnittlauch
½ Bund Petersilie
½ Bund Kerbel
½ Kästchen Kresse
2 hartgekochte Eier
1 Tasse Olivenöl
1 Tasse Weißwein
½ Tasse Obstessig
2 EL mittelscharfen Senf
Salz
weißen Pfeffer aus der Mühle
1 Prise Zucker

Für die Garnitur:

Tomatenrosen
Kräuterzweige

So wird's gemacht:

1. Die küchenfertigen Lachsforellen unter fließendem Wasser abwaschen und trockentupfen.
2. Mit einem Messer filetieren und anschließend in hauchdünne Scheiben schneiden.
3. Die Zwiebel fein hacken, den Schnittlauch fein schneiden und die übrigen Kräuter verlesen, waschen und fein hakken.
4. Mit den gehackten Eiern in eine Schüssel geben.
5. Das Olivenöl, den Weißwein, den Obstessig und den Senf unterrühren.
6. Mit Salz, Pfeffer und Zucker abschmecken.
7. Über die Fischscheiben verteilen und im Kühlschrank über Nacht marinieren.
8. Anschließend mit Tomatenrosen und Kräuterzweigen garnieren und servieren.

Vorbereitungszeit: 20 Minuten.
Zubereitungszeit ohne Beizzeit: 5 Minuten.

Lachssteaks in Weingelee

Sie benötigen für 4 Personen:

4 Lachssteaks à 200 g
¼ l Weißwein
¼ l Fleischbrühe
Saft von 1 Zitrone
1 Prise Zucker
1 Zwiebel
2 Karotten
2 Lorbeerblätter
einige Wacholderbeeren
einige Pfefferkörner
6 Blatt weiße Gelatine
Salz
weißen Pfeffer aus der Mühle
1 Bund Dill

So wird's gemacht:

1. Die Lachssteaks unter fließendem Wasser abwaschen und trockentupfen.
2. Den Weißwein, die Fleischbrühe, den Zitronensaft und den Zucker in einen Topf geben und erhitzen.
3. Die Zwiebel und die Karotten schälen, in Scheiben schneiden, in den Sud geben und 5 Minuten köcheln lassen.
4. Die Lorbeerblätter, die Wacholderbeeren und die Pfefferkörner mit den Lachssteaks in den Sud geben und in 10 bis 15 Minuten garziehen lassen.
5. Die Lachssteaks herausnehmen und auf einer Platte oder einem Teller anrichten.
6. Die gewässerte Blattgelatine in dem Fischsud auflösen und mit Salz und Pfeffer abschmekken.
7. Den Sud über die Lachssteaks gießen.
8. Mit dem verlesenen Dill garnieren.
9. Im Kühlschrank erstarren lassen und servieren.

Vorbereitungszeit: 15 Minuten.
Zubereitungszeit ohne Auskühlzeit: 5 Minuten.

1983
Bacharacher
Vivat Bachus. Bachus lebe.
Bachus war ein braver Mann pp.

Feuriger Hering

Sie benötigen für 4 Personen:

8 Bismarckheringe
200 g Magerquark
2 EL Tomatenmark
½ Tasse Sangrita picante
Salz
schwarzen Pfeffer aus der Mühle
1 Prise Cayennepfeffer
1 Prise Zucker
Saft von 1 Zitrone
1 Zwiebel
1 Peperoni
1 rote Paprikaschote
1 Kästchen Kresse

Außerdem:

2 Äpfel
1 Tasse Weißwein

So wird's gemacht:

1. Die Bismarckheringe gut abtropfen lassen und zusammenrollen.
2. Den Quark mit dem Tomatenmark und dem Sangrita glattrühren.
3. Mit Salz, Pfeffer, Cayennepfeffer, Zucker und Zitronensaft würzen.
4. Die Zwiebel und die Peperoni fein hacken und mit der in kleine Würfel geschnittenen Paprikaschote unter den Quark ziehen.
5. Die Kresse verlesen, waschen und unter den Quark geben.
6. Die Äpfel schälen, entkernen und jeweils in 4 gleich große Scheiben schneiden.
7. Die Apfelscheiben in Weißwein kurz dünsten, herausnehmen und erkalten lassen.
8. Die Bismarckrollen auf die Apfelscheiben legen, mit der Quarkmasse füllen, garnieren und servieren.

Vorbereitungszeit: 15 Minuten.
Zubereitungszeit: 5 Minuten.

Pikante Matjesröllchen

Sie benötigen für 4 Personen:

8 Matjesfilets
2 EL Butter oder Margarine
1 Zwiebel
1 rote Paprikaschote
1 grüne Paprikaschote
2 Tomaten
1 Bund Schnittlauch
1 Bund Petersilie
2 EL Tomatenmark
1 Tasse Rotwein
einige Spritzer Tabasco
Salz
schwarzen Pfeffer aus der Mühle
1 TL Paprikapulver
½ TL Curry
1 Prise Zucker

Für die Garnitur:

Salatblätter
Kräuterzweige

So wird's gemacht:

1. Die Matjesfilets unter fließendem Wasser abwaschen und trockentupfen.
2. Das Fett in einer Pfanne erhitzen und die in feine Scheiben geschnittenen Zwiebeln und Paprikaschoten darin glasig schwitzen.
3. Die enthäuteten, entkernten und in Streifen geschnittenen Tomaten dazugeben und kurz mitschwitzen.
4. Das Tomatenmark unterrühren, mit dem Rotwein ablöschen und mit dem Tabasco schärfen.
5. Den Schnittlauch fein schneiden und mit der feingehackten Petersilie unter die Gemüsemischung rühren.
6. Mit Salz, Pfeffer, Paprika, Curry und Zucker abschmecken.
7. Vom Herd nehmen und erkalten lassen.
8. Die Matjesfilets zu Röllchen drehen und auf den Salatblättern anrichten.
9. Mit der pikanten Gemüsemischung überziehen, mit Kräuterzweigen garnieren und servieren.

Vorbereitungszeit: 15 Minuten.
Zubereitungszeit: 5 Minuten.

Erlesene Räucherfischplatte

Sie benötigen für 4 Personen:

200 g geräucherten Lachs
1 kleinen geräucherten Aal
1 Schillerlocke
2 geräucherte Makrelenfilets
2 geräucherte Forellenfilets
Salz
weißen oder schwarzen Pfeffer aus der Mühle

Für die Garnitur:

Mandarinenfilets
Kiwistückchen
Ketakaviar
Salatblätter
Kräuterzweige

So wird's gemacht:

1. Die geräucherten Fischsorten dekorativ auf einer Platte anrichten.
2. Zitronen in Scheiben schneiden und die Mandarinenfilets gut abtropfen lassen, mit den Kiwistückchen und dem Kaviar dekorativ auf dem Fisch verteilen.
3. Mit den Salatblättern und den Kräuterzweigen die Platte ausgarnieren.

Vorbereitungszeit: 10 Minuten.
Zubereitungszeit: 5 Minuten.

Die Soßen dazu

Sie benötigen für 4 Personen:

Für den Sahnemeerrettich:

½ Becher Sahne
1 Päckchen Sahnesteif
4 EL Meerrettich
1 Prise Zucker

Für die Weinbrandcreme:

1 Tasse Mayonnaise
4 EL Tomatenketchup
4 cl Weinbrand
1 EL Preiselbeeren
1 Prise Zucker

Für die Kräutercreme:

1 Becher Joghurt
½ Bund Schnittlauch
½ Bund Kerbel
½ Kästchen Kresse
Saft von 1 Orange
4 cl Orangenlikör

Für die Sardellencreme:

1 Päckchen Doppelrahm-Frischkäse
4 EL Sahne
2 EL Sardellenpaste
2 cl Weinbrand

So wird's gemacht:

1. Für den Sahnemeerrettich die Sahne mit dem Sahnesteif steif schlagen, den Meerrettich untermischen, mit Salz, Pfeffer und Zucker abschmecken und in die ausgehöhlten Fruchthälften füllen.
2. Für die Weinbrandcreme die Mayonnaise mit dem Tomatenketchup, dem Weinbrand, den Preiselbeeren glattrühren und mit Salz, Pfeffer und Zucker abschmecken. In die Fruchthälften füllen.
3. Für die Kräutercreme den Joghurt mit den feingehackten Kräutern, dem Orangensaft und dem Orangenlikör glattrühren, mit Salz und Pfeffer abschmecken und anschließend in die Fruchthälften füllen.
4. Für die Sardellencreme den Doppelrahm-Frischkäse mit der Sahne, der Sardellenpaste und dem Weinbrand glattrühren, mit Salz und Pfeffer abschmecken und in die Fruchthälften füllen.

Vorbereitungszeit: 10 Minuten.
Zubereitungszeit: 10 Minuten.

Heilbuttfilets auf Gemüsesalat

Sie benötigen für 4 Personen:

8 mittelgroße Heilbuttfilets
Salz
weißen Pfeffer aus der Mühle
Saft von 1 Zitrone
einige Spritzer Worcestersoße
1 Tasse Mehl
Butter oder Margarine zum Braten

Für den Gemüsesalat:

1 große Dose Mischgemüse
1 Tasse Mayonnaise
½ Becher Crème fraîche
Saft von 1 Orange
4 EL Weißwein
2 EL Obstessig
einige Spritzer Worcestersoße
1 Prise Zucker
1 Bund Dill

Für die Garnitur:

Kräuterzweige
Tomatenachtel
Mandarinenfilets

So wird's gemacht:

1. Die Heilbuttfilets unter fließendem Wasser abwaschen, trockentupfen, salzen, pfeffern, mit dem Zitronensaft und der Worcestersoße marinieren.
2. In Mehl wenden und in der Butter oder Margarine ausbakken.
3. Aus der Pfanne nehmen und erkalten lassen.
4. In der Zwischenzeit das gut abgetropfte Mischgemüse in eine Schüssel geben.
5. Die Mayonnaise mit der Crème fraîche, dem Orangensaft, dem Weißwein und dem Obstessig glattrühren. Mit Worcestersoße, Zucker, Salz und Pfeffer abschmecken.
6. Den feingehackten Dill unter die Soße mischen und den Salat damit anmachen.
7. Eine Platte mit dem Gemüsesalat auslegen.
8. Die Heilbuttfilets gleichmäßig darauf verteilen.
9. Mit Kräuterzweigen, Tomatenachteln und Mandarinenfilets ausgarnieren und servieren.

Vorbereitungszeit: 20 Minuten.
Zubereitungszeit: 5 Minuten.

Das Austernessen

Sie benötigen für 4 Personen:

24 Austern
4 Limetten oder Zitronen
weißen Pfeffer aus der Mühle

Außerdem:

französisches Stangenweißbrot
gestoßenes Eis

So wird's gemacht:

1. Die Austern unter fließendem Wasser abbürsten und trokkentupfen.
2. Mit einem Austernbrecher die Austern am Scharnier öffnen.
3. Die Austern mit der gewölbten Schale nach unten auf dem zerstoßenen Eis anrichten.
4. Je nach Geschmack mit weißem Pfeffer bestreuen und mit Zitronensaft beträufeln.
5. Dazu reicht man französisches Weißbrot und einen trockenen Champagner oder Weißwein.

Vorbereitungszeit: 5 Minuten.
Zubereitungszeit: 5 Minuten.

Russischer Kaviartraum

Sie benötigen für 4 Personen:

200–400 g Kaviar, je nach Wahl
gestoßenes Eis
1 Becher Crème fraîche
1 Zwiebel
1 Bund Petersilie
2 hartgekochte Eier

Für die Blinis:

¼ l Milch
20 g Hefe
1 TL Zucker
1 Prise Salz
125 g Buchweizenmehl
125 g Weizenmehl
2 Eier
75 g Butter oder Margarine
Fett zum Ausbacken

So wird's gemacht:

1. Den Kaviar in der Originaldose auf zerstoßenem Eis anrichten.
2. Die Crème fraîche, die feingehackte Zwiebel, die gehackte Petersilie und die gehackten Eier in Schälchen anrichten und rundherum zum Kaviar stellen.
3. Mit den noch warmen Blinis servieren.
4. Für die Blinis Milch mit der Hefe, dem Zucker und dem Salz vermischen und an einem warmen Ort gehen lassen.
5. Das Buchweizenmehl, das Weizenmehl, die Eier und die Butter oder Margarine in eine Schüssel geben, die Milch angießen und alles zu einem Teig verarbeiten.
6. Den Teig zugedeckt nochmals an einem warmen Ort gehen lassen.
7. Anschließend nochmals gut durcharbeiten.
8. Das Fett in einer Pfanne erhitzen und darin Fladen ausbakken.

9. Die Blinis auf einem Teller anrichten und getrennt zum Kaviar servieren.

Vorbereitungszeit: 60 Minuten.
Zubereitungszeit: 5 Minuten.

Geräucherter Lachs mit Zitronenschaum

Sie benötigen für 4 Personen:

800 g geräucherten Lachs
Salatblätter
Dillzweige

Für die Soße:

4 Eidotter
½ Tasse Weißwein
Saft von 2 Zitronen
einige Tropfen Worcestersoße
Salz
weißen Pfeffer aus der Mühle
1 Prise Zucker
200 g Butter oder Margarine
1 Bund Zitronenmelisse

So wird's gemacht:

1. Die Lachsscheiben mit den Salatblättern und dem Dill dekorativ auf einer Platte anrichten.
2. Für die Soße die Eidotter mit dem Weißwein, dem Zitronensaft und der Worcestersoße in einer Schüssel verrühren.
3. Im Wasserbad oder auf dem Herd zu Schaum aufschlagen.
4. Mit Salz, Pfeffer und Zucker abschmecken.
5. Die handwarme Butter tropfenweise in die Soße rühren.
6. Die feingehackte Zitronenmelisse unter die Soße ziehen, nochmals abschmecken und getrennt zum Lachs servieren.

Vorbereitungszeit: 15 Minuten.
Zubereitungszeit: 5 Minuten.

Hausgeräucherte Seezungenröllchen

Sie benötigen für 4 Personen:

8 Seezungenfilets
200 g Lachsfilet
Salz
weißen Pfeffer aus der Mühle
Saft von 2 Zitronen
einige Spritzer Worcestersoße
1 Bund Dill
1 Bund Zitronenmelisse

Außerdem:

1 kleinen Räucherofen
2 Handvoll grobe Sägespäne
1 kleinen Fichtenzweig
Wacholderbeeren
Lorbeerblätter

So wird's gemacht:

1. Die Seezungenfilets auf einer Arbeitsfläche auslegen.
2. Die Seelachsfilets in dünne Streifen schneiden, auf die Seezungenfilets legen und diese zusammenrollen.
3. Mit Salz und Pfeffer würzen, mit dem Zitronensaft und der Worcestersoße marinieren.
4. Die Kräuter verlesen, waschen, fein hacken und die Röllchen damit gleichmäßig bestreuen.
5. Den Räucherofen erhitzen, mit den Sägespänen, den Fichtenzweigen, den Wacholderbeeren und den Lorbeerblättern beschicken.
6. Die Fischröllchen auf den Siebeinsatz legen, Räucherofen verschließen und bei mittlerer Hitze 10 bis 15 Minuten räuchern.
7. Herausnehmen, mit Salatblättern dekorativ auf einer Platte anrichten, mit den Kräuterzweigen und dem Sahnemeerrettich garnieren und servieren.

Vorbereitungszeit: 5 Minuten.
Zubereitungszeit: 20 Minuten.

Geflügelplatte mit Leberschaum

Sie benötigen für 4 Personen:

8 Hähnchenbrustfilets
Salz
weißen Pfeffer aus der Mühle
Butter oder Margarine zum Braten
4 cl Weinbrand

Für den Leberschaum:

100 g Doppelrahm-Frischkäse
100 g feine Kalbsleberstreichwurst
4 cl Weinbrand
4 EL Sahne

Für die Garnitur:

1 Apfel
einige blaue Weintrauben
1 Kiwi
1 Orange
1 große Tomate
1 kleine Dose Champignons
1 kleine Dose Spargel
Gemüsesorten nach Wahl

So wird's gemacht:

1. Die Hähnchenbrustfilets unter fließendem Wasser abwaschen, trockentupfen, salzen und pfeffern.
2. Die Butter oder Margarine in einer Pfanne erhitzen und die Brustfilets darin braten.
3. Den Weinbrand dazugeben und die Brüstchen flambieren.
4. Herausnehmen und erkalten lassen.
5. Den Doppelrahm-Frischkäse mit der Kalbsleberwurst, dem Weinbrand und der Sahne glattrühren. Mit Salz und Pfeffer würzen.
6. Die Linienführung der Platte mit Hähnchenbrüstchen und Gemüse Ihrer Wahl festlegen.
7. Die restlichen Brüstchen auf die Platte legen und den Blickfang ausgarnieren.
8. Den Leberschaum auf die Hähnchenbrüstchen spritzen.
9. Den Apfel in kleine Schnitze schneiden und mit den Weintrauben auf die Lebercreme geben.
10. Die Kiwi schälen, halbieren und in Scheiben schneiden. Die Orange in Schnitze schneiden.
11. Die Tomate sternförmig halbieren, aushöhlen, mit Geflügelscheiben, Champignonscheiben und Spargelstückchen füllen.
12. Die gefüllten Tomaten, die Kiwischeiben und die Orangenschnitze dekorativ auf der Platte verteilen und servieren.

Vorbereitungszeit: 20 Minuten.
Zubereitungszeit: 10 Minuten.

Truthahnbrust mit Apfel-Mandel-Füllung

Sie benötigen für 4 Personen:

1 kg Truthahnbrust
Salz
weißen Pfeffer aus der Mühle
1 EL getrockneten Thymian
2 EL Butter oder Margarine
1 Zwiebel
1 Apfel
Saft von 1 Zitrone
4 EL Rosinen
100 g gehobelte Mandeln
1 Bund Schnittlauch
2 Eier
4 cl Calvados

Außerdem:

Fett zum Braten
1/4 l Weißwein

Zum Garnieren:

Tomatenröschen
Petersilie
Erdbeeren

So wird's gemacht:

1. Die Truthahnbrust unter fließendem Wasser abwaschen, trockentupfen und mit dem Messer eine Tasche einschneiden.
2. Mit Salz, Pfeffer und Thymian würzen.
3. Das Fett in einer Pfanne erhitzen und die feingehackten Zwiebeln darin glasig schwitzen.
4. Die geschälten, entkernten und in Scheiben geschnittenen Äpfel dazugeben, mit dem Zitronensaft beträufeln. Die Rosinen und die Mandeln unterziehen und kurz erhitzen.
5. Den feingeschnittenen Schnittlauch mit den Eiern und dem Calvados vermischen, zu der Apfelmasse geben und unter ständigem Rühren stocken lassen.
6. Die Apfel-Mandel-Füllung in die Truthahnbrust füllen, zunähen oder binden.
7. Das Fett in einem Bräter erhitzen und die Brust darin rundherum Farbe nehmen lassen.
8. Im auf 220 Grad vorgeheizten Bratrohr 45 bis 50 Minuten braten.
9. Während der Bratzeit öfter mit Weißwein ablöschen.
10. Herausnehmen, erkalten lassen und etwa drei Viertel in dünne Scheiben schneiden.
11. Den restlichen Braten auf eine Ecke einer Platte legen und die Bratenscheiben fächerförmig davorlegen.
12. Mit den Tomatenröschen, den Petersilienzweigen und den Erdbeeren ausgarnieren und servieren.

Vorbereitungszeit, ohne Auskühlzeit: 70 Minuten.
Zubereitungszeit: 5 Minuten.

Gänsekeulen auf Ananaskraut

Sie benötigen für 4 Personen:

4 mittelgroße Gänsekeulen
Salz
schwarzen Pfeffer aus der Mühle
1 EL getrockneten Thymian
1/4 l Weißwein
4 EL Öl
2 EL Orangengelee
2 EL Essig
4 cl Sherry

Für das Ananaskraut:

1 kleinen Weißkohlkopf
1 Tasse Essig
2 EL Salz
1/2 Tasse Olivenöl
1 EL Kümmel
1 Tasse kräftige Fleischbrühe
1 EL Zucker
1 kleine Dose Ananas
1 Bund Schnittlauch
1 Bund Petersilie

Zum Garnieren:

2 Bund Petersilie
2 Tomaten

So wird's gemacht:

1. Die Gänsekeulen unter fließendem Wasser abwaschen, trockentupfen, salzen, pfeffern und mit dem Thymian einreiben.
2. Mit etwas Wasser in einen Bräter legen und im auf 200 Grad vorgeheizten Backofen 45 bis 50 Minuten braten.
3. Während der Bratzeit öfter mit Weißwein ablöschen.
4. Das Öl mit dem Orangengelee, dem Essig und dem Sherry glattrühren und die Gänsekeulen damit 15 Minuten vor Garende bestreichen.
5. Anschließend herausnehmen und erkalten lassen.
6. Für das Ananaskraut den Weißkohl vierteln, den Strunk abschneiden und hobeln.

7. In Salzwasser kurz blanchieren. Herausnehmen, gut abtropfen lassen und in eine Schüssel geben.
8. Den Essig und das Salz dazugeben und etwa 5 Minuten mit den Händen kräftig kneten.
9. Das Olivenöl, den Kümmel, die Fleischbrühe und den Zucker dazugeben, mit Salz und Pfeffer abschmecken.
10. Die in kleine Würfel geschnittenen Ananas, den feingeschnittenen Schnittlauch und die gehackte Petersilie unter das Kraut heben, nochmals abschmecken und auf einer Platte anrichten.
11. Die Gänsekeulen dekorativ auf das Sauerkraut legen.
12. Den Rand der Platte mit Petersilienzweigen belegen und mit Tomatenachteln ausgarnieren und servieren.

Vorbereitungszeit, ohne Auskühlzeit: 50 Minuten.
Zubereitungszeit: 5 Minuten.

Exotische Truthahnsteaks

Sie benötigen für 4 Personen:

- 4 Truthahnsteaks
- Salz
- weißen Pfeffer aus der Mühle
- 1 Msp. Ingwerpulver
- 1 TL Curry
- Fett zum Braten

Außerdem:

- 4 kleine Scheiben Ananas
- 1 Kiwi
- 4 Lychees
- einige Cocktailkirschen
- 1 Ingwernuß
- 1 EL mittelscharfen Senf
- 1 TL grüne Pfefferkörner
- 4 EL Orangenlikör
- Kräuterzweige

So wird's gemacht:

1. Die Truthahnsteaks in Medaillons schneiden.
2. Salzen, pfeffern und mit Ingwerpulver und Curry einreiben.
3. Das Fett in einer Pfanne erhitzen und die Truthahnsteaks darin braten.
4. Herausnehmen und auf einer Platte anrichten.
5. Die in Würfel geschnittenen Ananas, die Kiwis, die Lychees und die Cocktailkirschen in das verbliebene Bratfett geben und kurz anschwitzen.
6. Eine feingehackte Ingwernuß unterziehen, mit dem Senf, den grünen Pfefferkörnern und dem Orangenlikör aromatisieren.
7. Mit Salz und Pfeffer abschmekken und auf die Truthahnmedaillons verteilen.
8. Mit Kräuterzweigen ausgarnieren und servieren.

Vorbereitungszeit: 15 Minuten.
Zubereitungszeit: 10 Minuten.

Glasierte Hähnchenkeulen

Sie benötigen für 4 Personen:

8 Hähnchenkeulen
Salz
schwarzen Pfeffer aus der Mühle
1 EL Paprikapulver, edelsüß
Fett zum Braten
4 EL Butter oder Margarine zum Bestreichen

Für die Glasur:

4 EL Aprikosengelee
1 EL Tomatenmark
2 EL Essig
1 TL getrockneten Thymian
1 EL getrockneten Majoran
2 Knoblauchzehen
1 TL Salz
4 EL Öl
4 cl Weinbrand
Kresse
1 Glas süßsaures Gemüse

So wird's gemacht:

1. Die Hähnchenkeulen unter fließendem Wasser abwaschen, trockentupfen, salzen, pfeffern und mit dem Paprika einreiben.
2. Das Fett in einem Bratgeschirr erhitzen, die Hähnchenkeulen darin rundherum Farbe nehmen lassen.
3. In den auf 220 Grad vorgeheizten Backofen schieben und 30 Minuten garen.
4. Während der Garzeit öfter mit der Butter oder Margarine bestreichen.
5. Das Aprikosengelee mit dem Tomatenmark und dem Essig glattrühren, mit dem Thymian, dem Majoran und der mit Salz zerriebenen Knoblauchzehe würzen.
6. Das Öl und den Weinbrand untermischen, mit Salz und Pfeffer abschmecken und die Hähnchenkeulen etwa 10 Minuten vor Garende damit bedecken.
7. Herausnehmen, erkalten lassen, auf einer Platte anrichten, mit Kresse bestreuen und servieren.
   Dazu reicht man süßsaures Essiggemüse.

Vorbereitungszeit: 10 Minuten.
Garzeit: 30 Minuten.

Gefüllte Hähnchenbrustfilets

Sie benötigen für 4 Personen:

4 Hähnchenbrustfilets
1 kleine Zwiebel
50 g Geflügelleber
50 g Geflügelherzen
50 g Geflügelmägen
100 g Schweinefleisch
1 Bund Petersilie
1/2 eingeweichtes Brötchen
1 Ei
Semmelbrösel zum Binden
Salz
weißen Pfeffer aus der Mühle
1 Prise Cayennepfeffer
1 TL Paprikapulver
1 EL mittelscharfen Senf
2 cl Weinbrand

Außerdem:

1 Tasse Mehl
Fett zum Braten
Küchenschnur
Alufolie

So wird's gemacht:

1. Die Hähnchenbrustfilets unter fließendem Wasser abwaschen und trockentupfen. Mit dem Messer eine große Tasche hineinschneiden.
2. Die Zwiebel, die Leber, die Herzen, die Mägen, das Schweinefleisch, die verlesene Petersilie und das Brötchen durch die feine Scheibe des Fleischwolfs drehen.
3. In einer Schüssel mit dem Ei gut vermischen und mit den Semmelbröseln binden.
4. Mit Salz und Pfeffer, Cayennepfeffer, Paprikapulver und Senf abschmecken.
5. Mit dem Weinbrand aromatisieren und die Masse in die Hähnchenbrustfilets füllen.
6. Zunähen oder wie eine Roulade binden.
7. In dem Mehl wenden und in einer Pfanne Farbe nehmen lassen.
8. Im auf 220 Grad vorgeheizten Backofen 20 Minuten braten, herausnehmen, in Alufolie wickeln und erkalten lassen.
9. Anschließend in dünne Scheiben schneiden, auf einer Platte anrichten, ausgarnieren und servieren.

Vorbereitungszeit: 15 Minuten.
Garzeit: 20 Minuten.

Gefüllte Täubchen

Sie benötigen für 4 Personen:

4 küchenfertige junge Täubchen
Salz
schwarzen Pfeffer aus der Mühle

Für die Füllung:

200 g feines Bratwurstbrät
1 kleine Zwiebel
1 Bund Petersilie
1 EL Preiselbeeren
1 TL getrockneten Majoran
1 Msp. Cayennepfeffer
1 Ei

Außerdem:

Fett zum Braten
½ l Rotwein
Salatblätter
Cumberlandsoße
Kräuterzweige

So wird's gemacht:

1. Die küchenfertigen Tauben unter fließendem Wasser abwaschen, trockentupfen und mit einem Messer die Karkasse hohl auslösen.
2. Das Fleisch salzen und pfeffern.
3. In einer Schüssel das Bratwurstbrät mit der feingehackten Zwiebel und der feingehackten Petersilie glattrühren.
4. Die Preiselbeeren, den Majoran und den Cayennepfeffer sowie das Ei unter die Masse arbeiten.
5. Mit Salz und Pfeffer abschmekken und auf die Täubchen verteilen.
6. Diese zusammenklappen und mit Bindfaden zunähen.
7. Das Fett in einem Bräter erhitzen und die gefüllten Täubchen darin anbraten.
8. In dem auf 200 Grad vorgeheizten Backofen 30 bis 35 Minuten garen.
9. Während der Garzeit öfter mit dem Rotwein ablöschen.
10. Die Täubchen herausnehmen und erkalten lassen.
11. Die Salatblätter auf einer Platte anrichten und die in Scheiben geschnittenen Täubchen darauf verteilen.
    Mit der Cumberlandsoße und den Kräuterzweigen garniert servieren.

Vorbereitungszeit: 25 Minuten.
Zubereitungszeit: 30 bis 35 Minuten.

Entenbrustfilets mit Blutorangengelee

Sie benötigen für 4 Personen:

Für das Gelee:

¼ l frischgepreßten Blutorangensaft
1 Tasse Portwein
2 Blatt rote Gelatine
4 Blatt weiße Gelatine
Salz
weißen Pfeffer aus der Mühle
1 Prise Zucker

Für die Entenbrustfilets:

4 Entenbrustfilets
Salz
weißen Pfeffer aus der Mühle
4 EL Olivenöl
1 EL mittelscharfen Senf
1 TL grüne Pfefferkörner
1 TL getrockneten Thymian
1 TL getrockneten Oregano
4 cl Weinbrand
½ TL Paprikapulver
½ TL Currypulver

Außerdem:

Fett zum Braten
Salatblätter
100 g Gänseleberparfait
einige Trüffelscheiben
Kräuterzweige

So wird's gemacht:

1. Für das Gelee den Orangensaft in einem Topf mit dem Portwein erhitzen.
2. Die gewässerte rote und weiße Gelatine darin auflösen, mit Salz, Pfeffer und Zucker abschmecken.
3. In ein entsprechendes Gefäß füllen und im Kühlschrank erstarren lassen.
4. In der Zwischenzeit die Entenbrustfilets salzen und pfeffern.
5. Das Olivenöl mit dem Senf, den Pfefferkörnern, dem Thymian, dem Oregano, dem Weinbrand, dem Paprikapulver und dem Curry verrühren und über die Entenbrustfilets geben.
6. Über Nacht im Kühlschrank marinieren.
7. Anschließend das Fett in einer Pfanne erhitzen und die Entenbrustfilets medium braten, herausnehmen, in Alufolie wickeln und erkalten lassen.
8. Die Salatblätter auf einer Platte oder als Portion auf Tellern anrichten und die in Scheiben geschnittenen Entenbrustfilets darauf verteilen.
9. Das Gänseleberparfait daraufspritzen, mit den Trüffelscheiben, den Kräuterzweigen und dem Blutorangengelee garnieren und servieren.

Vorbereitungszeit: 20 Minuten.
Zubereitungszeit: 5 Minuten.

Rehrücken mit Leberschaum

Sie benötigen für einen Rehrücken:

1 Rehrücken
Salz
schwarzen Pfeffer aus der Mühle
1 EL getrockneten Thymian
100 g durchwachsenen geräucherten Speck, in dünne Scheiben geschnitten
Fett zum Braten
1/4 l Rotwein
200 g Gänseleberparfait
200 g Doppelrahm-Frischkäse
2 EL Preiselbeeren
4 cl Weinbrand
1 Bund Petersilie
1 Prise Muskat

Für die Garnitur:

Orangenscheiben
Kiwischeiben
Cocktailkirschen
Kräuterzweige

So wird's gemacht:

1. Den Rehrücken unter fließendem Wasser abwaschen, trokkentupfen, mit Salz, Pfeffer und Thymian einreiben.
2. Mit den Speckscheiben belegen.
3. Das Fett in einem Bräter erhitzen, den Rehrücken hineinlegen und im auf 220 Grad vorgeheizten Bratrohr je nach Geschmack 25 bis 35 Minuten braten.
4. Während der Garzeit öfter mit dem Rotwein ablöschen.
5. Anschließend den Rehrücken herausnehmen, in Alufolie wikkeln und erkalten lassen.
6. Mit einem Messer die Filets herausschneiden.
7. Das Gänseleberparfait mit dem Frischkäse und den Preiselbeeren glattrühren, mit dem Weinbrand aromatisieren.
8. Die feingehackten Kräuter unterziehen, mit Salz, Pfeffer und Muskat abschmecken.
9. Den Leberschaum auf dem Rücken verteilen.
10. Die in Scheiben geschnittenen Filets darauf anrichten.
11. Mit den Orangenscheiben, den Kiwischeiben, den Cocktailkirschen, der restlichen Lebermasse und Kräuterzweigen garnieren und servieren.

Vorbereitungszeit: 60 Minuten.
Zubereitungszeit: 15 Minuten.

Hirschmedaillons im Blätterteigmantel

Sie benötigen für 4 Personen:

8 Hirschmedaillons à 100 g
Salz
schwarzen Pfeffer aus der Mühle
Fett zum Braten
1 Packung Blätterteig (TK-Produkt)
2 EL Butter oder Margarine
50 g durchwachsenen Speck
1 Zwiebel
100 g gekochten Schinken
100 g Champignons
4 EL Cumberlandsoße
1 Prise Muskat
1 Bund Petersilie

So wird's gemacht:

1. Die Hirschmedaillons unter fließendem Wasser abwaschen, trockentupfen, salzen und pfeffern.
2. Das Fett in einer Pfanne erhitzen und die Medaillons darin rundherum Farbe nehmen lassen.
3. Herausnehmen und erkalten lassen.
4. Den Blätterteig auf einer bemehlten Arbeitsfläche ausrollen und in 8 gleich große Quadrate teilen.
5. Im verbliebenen Bratfett die Butter oder Margarine erhitzen und den feingewürfelten Speck darin auslassen.
6. Die feingehackte Zwiebel, den in feine Würfel geschnittenen Schinken und die gehackten Champignons dazugeben und kurz mitschwitzen.
7. Die Cumberlandsoße unter die Masse mischen, mit Salz, Pfeffer und Muskat abschmecken und die feingehackte Petersilie dazugeben.
8. Die Masse auf die Medaillons verteilen und diese mit Blätterteig verschließen.
9. Ein Backblech mit Wasser beträufeln, die Blätterteigteilchen auf das Blech setzen und im auf 200 Grad vorgeheizten Backrohr 15 bis 20 Minuten garen.
10. Herausnehmen, erkalten lassen, auf einer Platte anrichten, garnieren und servieren.

Vorbereitungszeit: 20 Minuten.
Garzeit: 15 bis 20 Minuten.

Pasteten – eine Kunst für sich

Die Blütezeit der ausgefallenen Pasteten war wohl im Mittelalter. Sie waren auf den Festtafeln beliebt, weil man sie nach der Etikette zierlich, ohne Gabel essen konnte.
Heute in unserer Küche kommt es auf das feine Geschmackserleben an. Der Genuß soll auf der Zunge spürbar sein.

Süßsaure Schweinefleisch-pastete

Sie benötigen für 1 Pastete:

700 g mageres Schweinefleisch
100 g durchwachsenen Speck
100 g fetten Speck
2 Schweinsfüßchen
4 Karotten
1 Stange Lauch
2 Zwiebeln
¼ l Weißwein
1 l Fleischbrühe
1 Tasse Obstessig
2 Lorbeerblätter
1 EL Wacholderbeeren
1 EL Pfefferkörner
2 EL Salz
1 EL Zucker

Außerdem:

1 Bund Petersilie
4 Blatt weiße Gelatine
1 Paket Blätterteig (TK-Produkt)

So wird's gemacht:

1. Das Schweinefleisch, den Speck und die Schweinefüßchen unter fließendem Wasser abwaschen und trockentupfen.
2. Das Gemüse putzen und in Scheiben schneiden.
3. Den Weißwein, die Fleischbrühe, den Obstessig und die Gewürze in einem Topf erhitzen.
4. Das Gemüse und das Fleisch dazugeben und zugedeckt bei mittlerer Hitze 70 Minuten köcheln lassen.
5. Das Fleisch herausnehmen, erkalten lassen und in Würfel schneiden.
6. Eine Pastetenform mit dem dünn ausgerollten Blätterteig auslegen.
7. Die Fleischwürfel mit dem Gemüse und der Petersilie mischen und die Pastetenform damit füllen.
8. Mit dem restlichen Blätterteig abdecken und die Ränder gut schließen.
9. Im auf 220 Grad vorgeheizten Backofen 25 bis 30 Minuten backen.
10. Herausnehmen und erkalten lassen.
11. ¼ Liter durchgeseihten Kochsud erhitzen und die gewässerte Gelatine darin auflösen.
12. Vorsichtig ein Loch in die Pastete brechen und die Flüssigkeit hineinlaufen lassen.
13. Im Kühlschrank über Nacht erkalten lassen.
14. Die süßsauere Schweinefleischpastete in Scheiben schneiden, anrichten, ausgarnieren und servieren.

Vorbereitungszeit: 2 Stunden.
Zubereitungszeit, ohne Auskühlzeit: 10 Minuten.

Nudelteigpastete mit Gemüse-Schinken-Füllung

Sie benötigen für 1 Pastete:

Für den Nudelteig:

300 g Mehl
1 Prise Salz
1 Bund Petersilie
1 Prise Muskat
1 Prise Nelkenpulver
4 EL Wasser
1 EL Öl

Für die Füllung:

2 EL Butter oder Margarine
100 g durchwachsenen Speck
100 g gekochten Schinken
2 Zwiebeln
1 Stange Lauch
2 Karotten
2 Tassen Mischgemüse (TK-Produkt)
Salz
weißen Pfeffer aus der Mühle
1 TL gemahlenen Kümmel
1 Msp. Muskat
4 Eier
1 Bund Schnittlauch
1 Bund Petersilie

So wird's gemacht:

1. Das Mehl, das Salz, die gehackte Petersilie, den Muskat und das Nelkenpulver miteinander vermischen.
2. Mit dem Wasser und dem Öl beträufeln und alles zu einem geschmeidigen Nudelteig kneten.
3. Im Kühlschrank mindestens 1 Stunde ruhen lassen.
4. In der Zwischenzeit das Fett in einer Pfanne erhitzen und den feingewürfelten Speck darin glasig schwitzen.
5. Den in Streifen geschnittenen Schinken, das geputzte und in Streifen geschnittene Gemüse und das Tiefkühlgemüse dazugeben und kurz mitschwitzen.
6. Mit Salz, Pfeffer, Kümmel und Muskat abschmecken.
7. Die Eier mit dem feingeschnittenen Schnittlauch und der gehackten Petersilie verschlagen, unter die Gemüsemischung geben und unter ständigem Rühren stocken lassen.
8. Den Nudelteig auf einer bemehlten Arbeitsfläche dünn ausrollen, die erkaltete Gemüsemischung darauf gleichmäßig verteilen.
9. Zusammenrollen, auf ein bemehltes Backblech legen und im auf 200 Grad vorgeheizten Backofen 15 bis 20 Minuten garen.
10. Herausnehmen, erkalten lassen, in Scheiben schneiden, anrichten, ausgarnieren und servieren.

Vorbereitungszeit, ohne Auskühlzeit: 60 Minuten.
Zubereitungszeit: 10 Minuten.

Schweinefilet-pastete

Sie benötigen für 1 Pastete:

1 Paket Blätterteig (TK-Produkt)

Für die Füllung:

800 g gemischtes Hackfleisch
3 Eier
3 EL mittelscharfen Senf
1 EL grüne Pfefferkörner
1 EL getrockneten Majoran
2 Knoblauchzehen
1 TL Salz
1 EL geriebene Zitronenschale
1 TL Pastetengewürz
4 cl Weinbrand
1 Bund Petersilie

Außerdem:

4 EL Schweineschmalz
1 Schweinefilet
Salz
weißen Pfeffer aus der Mühle
100 g grünen Speck, in dünne Scheiben geschnitten
1 Dose Champignonköpfe

So wird's gemacht:

1. Den Blätterteig auf einer bemehlten Arbeitsfläche ausrollen und eine Pastetenform damit füllen.
2. Das Hackfleisch 2mal durch die feine Scheibe des Fleischwolfs drehen.
3. In eine Schüssel geben, mit den Eiern, dem Senf und den Gewürzen zu einer kompakten Masse verarbeiten.
4. Mit dem Weinbrand aromatisieren und die gehackte Petersilie untermischen.
5. Die Hälfte davon gleichmäßig in die Pastetenform verteilen.
6. Das Schweineschmalz in einer Pfanne erhitzen und das gesalzene und gepfefferte Schweinefilet darin rundherum anbraten.
7. Herausnehmen, in Speck wikkeln und in die Pastetenform geben.
8. Die abgetropften Champignonköpfe darauf verteilen und mit der restlichen Fleischmasse abdecken.
9. Mit Blätterteig verschließen, im auf 200 Grad vorgeheizten Backofen 45 Minuten garen.

Vorbereitungszeit: 30 Minuten.
Garzeit: 45 Minuten.
Zubereitungszeit: 15 Minuten.

Gefüllte Lachsgalantine

Sie benötigen für 1 Galantine:

1 kg Lachsfilet
Saft von 1 Zitrone
3 EL Speisestärke
2 EL Tomatenmark
1 Bund Basilikum
½ Tasse Sahne
Salz
weißen Pfeffer aus der Mühle
1 Msp. Muskat
2 Eidotter
1 Eiweiß

Für die Füllung:

4 Seezungenfilets
2 EL Butter oder Margarine
1 Zwiebel
100 g Blattspinat
100 g Krabben
1 Msp. Ingwerpulver

Außerdem:

200 g in dünne Scheiben geschnittenen fetten Speck

So wird's gemacht:

1. Das Lachsfilet vollkommen entgräten und 2mal durch die feine Scheibe des Fleischwolfs drehen.
2. Den Zitronensaft, die Speisestärke, das Tomatenmark, das feingehackte Basilikum und die Sahne unter die Lachsmasse rühren.
3. Mit Salz, Pfeffer und Muskat abschmecken.
4. Das Eigelb daruntermischen und im Kühlschrank 2 Stunden erkalten lassen.
5. Das Eiweiß sehr steif schlagen und vorsichtig unter die Masse heben.
6. Für die Füllung die Seezungenfilets auf einer Arbeitsfläche auslegen.
7. Das Fett in einer Pfanne erhitzen und die feingeschnittenen Zwiebeln darin glasig schwitzen.
8. Den Blattspinat dazugeben und kurz anschwitzen.
9. Vom Herd nehmen, die Krabben unterrühren, mit Salz, Pfeffer und Ingwerpulver würzen.
10. Die Seezungenfilets damit belegen und diese zusammenrollen.
11. In eine Serviette einwickeln und im kochenden Salzwasser 2 bis 3 Minuten blanchieren.
12. Eine Pastetenform mit den Fettscheiben auslegen und mit der Hälfte der Lachsmasse füllen.
13. Die Seezungenröllchen in die Mitte legen, mit der restlichen Lachsmasse bedecken und mit den Speckscheiben abdecken.
14. Im auf 200 Grad vorgeheizten Backofen im Wasserbad 90 Minuten garen.
15. Herausnehmen und erkalten lassen.
16. In Scheiben schneiden, auf einer Platte anrichten, garnieren und servieren.

Vorbereitungszeit: 30 Minuten.
Garzeit: 90 Minuten.

Gekräuterte Forellengalantine

Sie benötigen für 1 Galantine:

1 kg entgrätete Forellenfilets
2 EL Speisestärke
Saft von 1 Zitrone
½ Tasse Weißwein
1 Tasse Sahne
2 Eidotter
Salz
weißen Pfeffer aus der Mühle
1 Prise Muskat
1 Bund Petersilie
1 Bund Estragon
1 Bund Kerbel
1 Bund Zitronenmelisse
1 Eiweiß

Außerdem:

2 Lachsforellenfilets à 200 g
200 g Spinat

So wird's gemacht:

1. Die Forellenfilets 2mal durch die feine Scheibe des Fleischwolfes drehen.
2. Die Speisestärke, den Zitronensaft, den Weißwein, die Sahne und das Eigelb unter die Masse mischen.
3. Mit Salz, Pfeffer und Muskat abschmecken.
4. Die verlesenen, gewaschenen und feingehackten Kräuter unter das Fischpüree ziehen.
5. Im Kühlschrank mindestens 2 Stunden erkalten lassen.
6. Das Eiweiß sehr steif schlagen und unter die Masse heben.
7. Eine Auflaufform mit der Hälfte der Masse ausstreichen.
8. Die Lachsforellenfilets mit kurzblanchiertem Spinat umwickeln und in die Mitte legen.
9. Mit der restlichen Forellenmasse bedecken.
10. Im auf 200 Grad vorgeheizten Backofen im Wasserbad 90 Minuten garen.

Vorbereitungszeit: 30 Minuten.
Garzeit: 90 Minuten.

Elsässer Wildterrine

Sie benötigen für 1 Terrine:

500 g Wildfleisch ohne Knochen
200 g Schweinefleisch
500 g grünen Speck
100 g Kalbsleber
2 EL Butter oder Margarine
100 g durchwachsenen geräucherten Speck
2 Zwiebeln
2 Karotten
100 g frische Preiselbeeren oder Johannisbeeren
1 Dose Trüffel
2 EL Kräuter der Provence
1 Tasse Weißwein
Salz
schwarzen Pfeffer aus der Mühle
1 EL Speisewürze oder Pastetengewürz
1 Bund Petersilie
1 Päckchen Lorbeerblätter

So wird's gemacht:

1. Das küchenfertige Fleisch 2mal durch die feine Scheibe des Fleischwolfs drehen.
2. Das Fett in einer Pfanne erhitzen und den sehr fein gewürfelten Speck darin auslassen.
3. Die feingehackten Zwiebeln und die in kleine Würfel geschnittenen Karotten dazugeben und glasig schwitzen.
4. Das Gemüse mit den Preiselbeeren und den gewürfelten Trüffeln unter die Fleischmasse arbeiten.
5. Die Kräuter der Provence mit dem Weißwein unter die Fleischmasse rühren.
6. Mit Salz, Pfeffer und Speisewürze abschmecken und die feingehackte Petersilie unterarbeiten.
7. Eine Terrine mit der Fleischmasse füllen und die Lorbeerblätter darauf verteilen.
8. Im auf 220 Grad vorgeheizten Backrohr im Wasserbad 1½ Stunden zugedeckt garen.

Vorbereitungszeit: 30 Minuten.
Garzeit: 90 Minuten.

Wildentenpastete für Feinschmecker

Sie benötigen für 1 Pastete:

2 Wildenten
300 g feines Kalbsbrät
300 g fetten Speck
100 g Entenleber
2 Eier
1 Tasse Sahne
½ Tasse Weinbrand
Salz
weißen Pfeffer aus der Mühle
1 Msp. Muskat
1 Msp. Kardamom
1 EL Pastetengewürz oder Speisewürze
1 EL getrockneten Thymian
1 EL geriebene Zitronenschale
2 Karotten
1 Dose Trüffel

Außerdem:

200 g große dünne geschnittene grüne Speckscheiben
¼ l rosafarbene Gelatine

So wird's gemacht:

1. Die Wildenten unter fließendem Wasser abwaschen, trockentupfen und das Fleisch mit einem Messer von den Knochen lösen.
2. Die Brustfilets einer Wildente anbraten und beiseite stellen.
3. Das Wildentenfleisch mit dem restlichen Fleisch 2mal durch die feine Scheibe des Fleischwolfs drehen.
4. Die Eier mit der Sahne und dem Weinbrand unter die Masse mischen.
5. Mit den Gewürzen abschmecken.
6. Die Karotten schälen und der Länge nach vierteln.
7. Die Trüffel gut abtropfen lassen und in Scheiben schneiden.
8. Eine Pastetenform mit den Speckscheiben auslegen und die Fleischmasse einfüllen.
9. Die Brustfilets, die Karotten und die Trüffelscheiben in die Fleischmasse drücken, die Pastetenform verschließen.
10. Die Pastetenform ins Wasserbad stellen und bei 200 Grad im Backrohr 1½ Stunden garen.
11. Anschließend herausnehmen und erkalten lassen. Mit einem dünnen Gelatinespiegel überziehen, garnieren und servieren.

Vorbereitungszeit: 30 Minuten.
Garzeit: 90 Minuten.
Zubereitungszeit: 60 Minuten.

Gemüse und Salate – immer ein Renner

Das Verständnis in unserer modernen Küche für das Gemüse und den Salat ist seit der letzten Küchenrevolution ein anderes geworden. Bißfest, mit möglichst kurzen Garzeiten und fast gänzlich ohne Flüssigkeit, um die Vitamine zu schonen – das sind die Schlagworte.

Käsetomaten

Sie benötigen für 4 Personen:

4 große Tomaten
100 g jungen Goudakäse
100 g dänischen Butterkäse
100 g gekochten Schinken oder kalten Braten
100 g Weintrauben

Für das Dressing:

3 EL Mayonnaise
½ Becher Joghurt
1 EL mittelscharfen Senf
Saft von 1 Zitrone
6 cl Eierlikör
Salz
weißen Pfeffer aus der Mühle
1 Kästchen Kresse
1 Prise Paprikapulver, edelsüß

So wird's gemacht:

1. Von den Tomaten eine Haube abschneiden und mit einem Teelöffel aushöhlen.
2. Den Käse und den Schinken in feine Würfel schneiden.
3. In einer Schüssel mit den halbierten, entkernten Weintrauben vermischen.
4. Für das Dressing die Mayonnaise, den Joghurt, den Senf, den Zitronensaft und den Eierlikör miteinander glattrühren.
5. Mit Salz und Pfeffer abschmekken und den Salat damit anmachen.
6. Den Salat in die Tomaten füllen, mit Kresse und Paprikapulver garnieren und servieren.

Vorbereitungszeit: 15 Minuten.
Zubereitungszeit: 5 Minuten.

Chicoréeschiffchen

Sie benötigen für 4 Personen:

2 große Chicoréestauden
50 g Salami
50 g rohen Schinken
50 g Emmentaler Käse
1 kleine Dose Mandarinenfilets
10 gefüllte Oliven
2 Tomaten

Für das Dressing:

1 Becher Joghurt
½ Tasse Crème fraîche
Saft von 1 Orange
4 EL Obstessig
Salz
weißen Pfeffer aus der Mühle
1 Prise Zucker
4 cl Orangenlikör
1 Bund Schnittlauch
1 Kästchen Kresse

So wird's gemacht:

1. Den Chicorée halbieren, waschen, gut abtropfen lassen und auf einer Platte anrichten.
2. Die Salami, den Schinken und den Emmentaler in dünne Streifen schneiden.
3. Mit den Mandarinenfilets, den in Scheiben geschnittenen Oliven und den enthäuteten, entkernten und in Streifen geschnittenen Tomaten in einer Schüssel vorsichtig miteinander vermischen.
4. Für das Dressing den Joghurt, die Crème fraîche, den Orangensaft und den Obstessig miteinander glattrühren.
5. Mit Salz, Pfeffer und Zucker abschmecken und mit dem Orangenlikör aromatisieren.
6. Den Salat damit anmachen und auf die Chicoréehälften verteilen.
7. Mit dem feingeschnittenen Schnittlauch bestreuen, mit der Kresse garnieren und servieren.

Vorbereitungszeit: 15 Minuten.
Zubereitungszeit: 5 Minuten.

Gefüllte Paprikascheiben

Sie benötigen für 4 Personen:

4 Paprikaschoten
200 g Magerquark
100 g Lachsersatz
1 Zwiebel
1 Bund Dill
1 Bund Petersilie
1 TL grüne Pfefferkörner
Salz
weißen Pfeffer aus der Mühle
1 Msp. Cayennepfeffer
einige Spritzer Worcestersoße
1 Tasse Weißwein
4 Blatt weiße Gelatine
1 Glas Ketakaviar

So wird's gemacht:

1. Von den Paprikaschoten eine Haube abschneiden. Die Schoten putzen, waschen und gut abtropfen lassen.
2. Den Quark mit dem feingehackten Lachsersatz und der sehr fein gehackten Zwiebel vermischen.
3. Die Kräuter verlesen, waschen, fein hacken und mit den grünen Pfefferkörnern unter die Quarkmasse rühren.
4. Mit Salz, Pfeffer, Cayennepfeffer und Worcestersoße abschmecken.
5. Den Weißwein leicht erhitzen und die gewässerte Blattgelatine darin auflösen.
6. Vorsichtig unter die Quarkmasse rühren und diese in die Paprikaschoten füllen.
7. Im Kühlschrank erstarren lassen.
8. Anschließend in Scheiben schneiden, auf einer Platte anrichten, mit Ketakaviar garnieren und servieren.

Vorbereitungszeit: 25 Minuten.
Zubereitungszeit: 5 Minuten.

Auberginen mit Garnelenfüllung

Sie benötigen für 4 Personen:

2 Auberginen
1 TL Salz
2 EL Butter oder Margarine
100 g gekochten Schinken
1 Zwiebel
200 g Garnelenfleisch
2 Scheiben Ananas
1 EL Tomatenmark
1 Tasse Weißwein
Salz
weißen Pfeffer aus der Mühle
1 TL getrockneten Oregano
100 g geriebenen Emmentaler Käse
4 Scheiben Mozzarella

So wird's gemacht:

1. Die Auberginen waschen, halbieren und mit einem Teelöffel das Fruchtfleisch herauslösen.
2. Die Auberginen mit dem Salz bestreuen und ½ Stunde ziehen lassen.
3. In der Zwischenzeit die Butter oder Margarine in einer Pfanne erhitzen und den feingeschnittenen Schinken und die gewürfelte Zwiebel darin glasig schwitzen.
4. Die Garnelen mit den in Würfel geschnittenen Ananas dazugeben und kurz mitschwitzen.
5. Das Tomatenmark unterrühren, mit dem Weißwein auffüllen, mit Salz, Pfeffer und Oregano würzen.
6. Vom Feuer nehmen und den Käse daruntermischen.
7. Die Masse in die gewaschenen Auberginenhälften füllen und mit dem Mozzarella belegen.
8. Die Auberginenhälften in eine Auflaufform setzen und im auf 200 Grad vorgeheizten Backofen 25 bis 30 Minuten überbacken.

Vorbereitungszeit: 40 Minuten.
Garzeit: 25 bis 30 Minuten.

Fitnessplatte

Sie benötigen für 4 Personen:

4 große Karotten
1 kleine Salatgurke
4 Chicoréestauden
4 Tomaten
1 kleinen Kopf Blumenkohl
1 Kästchen Kresse
200 g gekochten Schinken
2 hartgekochte Eier
1 kleines Glas gefüllte Oliven
1 Becher Joghurt
Salz
weißen Pfeffer aus der Mühle
4 cl Obstessig
Saft von 1 Orange
1 Prise Zucker
2 EL mittelscharfen Senf
½ Tasse Tomatenketchup

So wird's gemacht:

1. Die Karotten schälen und raspeln.
2. Die Salatgurke waschen und in Scheiben schneiden.
3. Die Chicoréestauden putzen, halbieren, den Strunk entfernen, waschen und in Streifen schneiden.
4. Die Tomaten waschen und in Scheiben schneiden.
5. Den Blumenkohl in Salzwasser mit etwas Essig 10 bis 15 Minuten blanchieren.
6. Die Kresse verlesen, waschen und gut abtropfen lassen.
7. Die Karottenraspeln jeweils auf die gegenüberliegenden Seiten einer ovalen Platte anrichten.
8. Die Gurken und die Chicoréestreifen so am Rand verteilen, daß der Kreis geschlossen ist.
9. In die Zwischenräume die zu Röllchen gedrehten Schinkenscheiben legen und das Gemüse so abgrenzen.
10. Den Schinken mit den in Scheiben geschnittenen Eiern belegen.
11. Mit den Tomatenscheiben das innere Oval abdecken.
12. Den gut abgetropften und erkalteten Blumenkohl in die Mitte setzen.
13. Die Kresse dekorativ auf der Platte anrichten.
14. Die halbierten Oliven auf die Eier legen.
15. Den Joghurt glattrühren, mit dem Salz, dem Pfeffer, dem Obstessig, dem Orangensaft und dem Zucker abschmekken.
16. Die Hälfte des Joghurts mit Senf verrühren und die andere Hälfte mit Tomatenketchup.
17. Diese Soßen auf der Platte verteilen und die Fitnessplatte servieren.

Mexikanischer Nudelsalat

Sie benötigen für 4 Personen:

250 g gekochte Eiernudeln
1 Zwiebel
100 g rohen Schinken
100 g Fleischwurst
½ kleine Salatgurke
2 Tomaten
1 kleine Dose rote Bohnen

Für das Dressing:

1 Tasse Sahne
1 Becher Joghurt
½ Tasse Tomatenketchup
4 EL Obstessig
2 EL mittelscharfen Senf
1 TL Paprikapulver
½ TL Curry
Salz
schwarzen Pfeffer aus der Mühle
1 Prise Zucker
einige Tropfen Tabasco
1 Bund Schnittlauch

So wird's gemacht:

1. Die Eiernudeln in eine Schüssel geben.
2. Die geschälten Zwiebeln, den Schinken, die Fleischwurst und die Salatgurke in kleine Streifen schneiden und zu den Nudeln geben.
3. Die Tomaten enthäuten, entkernen, in Würfel schneiden und mit den gut abgetropften Bohnen unter die übrigen Zutaten vorsichtig mischen.
4. Für das Dressing die Sahne, den Joghurt, das Tomatenketchup, den Obstessig und den Senf miteinander glattrühren.
5. Mit Paprika, Curry, Salz, Pfeffer, Zucker und Tabasco abschmecken.
6. Den Salat damit anmachen.
7. Mit Schnittlauch bestreut servieren.

Vorbereitungszeit: 15 Minuten.
Zubereitungszeit: 5 Minuten.

Rohkostsalat mit Walnüssen

Sie benötigen für 4 Personen:

1 Zwiebel
2 Karotten
1 kleines Stück Sellerie
1 Bund Frühlingszwiebeln
1 Dose Mandarinenfilets
100 g Brunnenkresse
100 g Feldsalat
100 g Walnußkerne

Für das Dressing:

2 Becher Joghurt
Saft von 1 Orange
1/2 Tasse Weißwein
4 EL Essig
2 EL mittelscharfen Senf
1 Bund Schnittlauch
1 Bund Kerbel
Salz
Pfeffer aus der Mühle
1 Prise Zucker

So wird's gemacht:

1. Die Zwiebeln, die Karotten und den Sellerie schälen und grob raspeln.
2. Die Frühlingszwiebeln waschen und in hauchdünne Scheiben schneiden.
3. Die Mandarinenfilets gut abtropfen lassen.
4. Die Brunnenkresse und den Feldsalat verlesen, waschen, mit den Walnüssen und den übrigen Zutaten in einer Schüssel vorsichtig miteinander vermischen.
5. Für das Dressing den Joghurt mit dem Orangensaft, dem Weißwein, dem Essig und dem Senf glattrühren.
6. Den feingeschnittenen Schnittlauch und den feingehackten Kerbel untermischen, mit Salz, Pfeffer und Zucker abschmekken.
7. Den Salat damit anmachen, anrichten und servieren.

Vorbereitungszeit: 15 Minuten.
Zubereitungszeit: 5 Minuten.

Schnelle Salatplatte

Sie benötigen für 4 Personen:

1 Kopf Radicchio
1 Kopf Eisbergsalat
200 g Feldsalat
1 kleinen Kopf grünen Salat
200 g Goudakäse
200 g Rauchfleisch
Salz
schwarzen Pfeffer aus der Mühle

Für die Meerrettichsoße:

2 Becher Joghurt
Saft von 1 Zitrone
2 EL mittelscharfen Senf
2 EL Meerrettich
einige Tropfen Worcestersoße
1 Prise Zucker

Für die Currysoße:

1 Tasse Mayonnaise
1 Becher Sahne
2 Eidotter
2 EL mittelscharfen Senf
2 EL Obstessig
2 EL Apfelgelee
1 EL Curry

Für die Cocktailsoße:

1 Tasse Mayonnaise
½ Tasse Sahne
½ Tasse Tomatenketchup
2 EL Honig
4 EL Obstessig
4 cl Weinbrand

Für die Kräutersoße:

1 Becher Crème fraîche
1 Becher Joghurt
½ Tasse Weißwein
2 EL mittelscharfen Senf
4 EL Orangengelee
4 cl Weinbrand
je 2 EL frisch gehackte Petersilie, Schnittlauch, Dill, Estragon
1 Prise Zucker

So wird's gemacht:

1. Den Radicchio, den Eisbergsalat, den Feldsalat und den Kopfsalat putzen, waschen und in mundgerechte Stücke zerpflücken.
2. Den Käse in dünne Streifen schneiden.
3. Die Rauchfleischscheiben zusammenrollen.
4. 1 große oder 2 kleine Platten bereitstellen und mit den Schinkenröllchen die Platte in 4 beziehungsweise 2 gleichmäßige Teile aufteilen.
5. In die Freiräume den geputzten Salat legen.
6. Den Salat mit den Käsestreifen bestreuen.
7. Für die Meerrettichsoße den Joghurt mit dem Zitronensaft, dem Senf und dem Meerrettich glattrühren, mit Worcestersoße, Salz, Pfeffer und Zukker abschmecken.
8. Für die Currysoße die Mayonnaise mit der sauren Sahne, den Eidottern, dem Senf, dem Obstessig und dem Apfelgelee glattrühren, mit Salz, Pfeffer und Curry abschmecken.
9. Für die Cocktailsoße die Mayonnaise mit der Sahne, dem Tomatenketchup, dem Honig, dem Obstessig und dem Weinbrand glattrühren. Mit Salz und Pfeffer abschmekken.
10. Für die Kräutersoße die Crème fraîche mit dem Joghurt, dem Weißwein, dem Senf, dem Orangengelee und dem Weinbrand glattrühren. Die Kräuter unterziehen, mit Salz, Pfeffer und Zucker abschmecken.
11. Die verschiedenen Soßen zu dem Salat stellen. So kann sich jeder Gast seinen Salat mit dem Dressing seiner Wahl anmachen.

Vorbereitungszeit: 15 Minuten.
Zubereitungszeit: 10 Minuten.

Süßes für die Naschkatzen

Manche Menschen, da zählen wir uns auch dazu, sind enttäuscht, wenn es nach einem schönen Menü oder Festessen kein Dessert gibt.
In diesem Kapitel sind einige Rezepte, die auch den Naschkatzen gerecht werden.

Vanillecreme mit Johannisbeermark

Sie benötigen für 4 Personen:

2 Eier
125 g Zucker
2 Päckchen Vanillezucker
1/4 l Milch
6 Blatt weiße Gelatine
1 Becher Sahne
1 Päckchen Sahnesteif
6 cl Rum

Außerdem:

400 g Johannisbeeren
1/2 Tasse weißen Rum
4 EL Zucker
geschlagene Sahne zum Garnieren
Schokostreusel

So wird's gemacht:

1. Die Eier mit dem Zucker und dem Vanillezucker in einer Schüssel verschlagen, bis sich der Zucker aufgelöst hat.
2. Die Milch erhitzen und darin die gewässerte Gelatine auflösen und zu den Eiern geben.
3. Die Eimasse erkalten lassen und dabei öfter umrühren, damit keine Klumpen entstehen.
4. Kurz bevor die Creme fest wird, die steif geschlagene Sahne vorsichtig unterheben.
5. Mit dem Rum aromatisieren, in Gläser füllen und im Kühlschrank erkalten lassen.
6. In der Zwischenzeit die Johannisbeeren verlesen, waschen und im Mixer mit dem Rum und dem Zucker pürieren.
7. Die Vanillecreme mit Sahne garnieren und das Johannisbeermark darüber verteilen.
8. Mit den Schokostreuseln bestreuen, mit Johannisbeeren verzieren und servieren.

Vorbereitungszeit: 15 Minuten.
Zubereitungszeit: 5 Minuten.

Pastetchen mit Mandel-Frischkäse-Füllung

Sie benötigen für 4 Personen:

250 g Doppelrahm-Frischkäse
1/2 Tasse Weißwein
Saft von 1 Zitrone
Saft von 1 Orange
100 g gehobelte Mandeln
2 EL Zucker
1 Päckchen Vanillezucker
4 cl Orangenlikör
1 kleines Glas Maraschinokirschen
2 Blatt Gelatine
8 Blätterteigpastetchen

Außerdem:

1 Tasse Apfelmus
4 EL Preiselbeeren
1/2 Becher Sahne
1/2 Päckchen Sahnesteif
Mandeln zum Bestreuen

Zum Garnieren:

frische Früchte nach Wahl

So wird's gemacht:

1. Den Quark in eine Schüssel geben und mit dem Weißwein, dem Zitronensaft und dem Orangensaft glattrühren.
2. Die Mandeln mit dem Zucker, dem Vanillezucker, dem Orangenlikör und den halbierten Kirschen unter die Quarkmasse rühren.
3. Den Weißwein leicht erhitzen und die Gelatine darin auflösen.
4. Tropfenweise unter die Quarkmasse rühren.
5. In die Blätterteigpastetchen füllen und im Kühlschrank erkalten lassen.
6. Das Apfelmus mit den Preiselbeeren glattrühren und die steif geschlagene Sahne unterheben.
7. Über den Mandelquark geben und mit Mandeln bestreuen.
8. Dekorativ auf einer Platte anrichten, mit den Früchten garnieren und servieren.

Vorbereitungszeit: 10 Minuten.
Zubereitungszeit: 5 Minuten.

Pfirsichquarkplatte

Sie benötigen für 4 Personen:

4 große Pfirsiche
4 cl Orangenlikör
250 g Magerquark
Saft von 1 Zitrone
1 Päckchen Vanillezucker
4 cl Maracujalikör
1 TL Zimt
2 EL Zucker

Außerdem:

2 EL Pistazienkerne
einige Belegkirschen

Für die Garnitur:

Moosröschen
Schleierkraut

So wird's gemacht:

1. Die Pfirsiche waschen, halbieren und den Kern herauslösen.
2. Mit dem Orangenlikör beträufeln.
3. Auf einer Platte dekorativ anrichten.
4. Den Magerquark mit dem Zitronensaft, dem Vanillezukker, dem Maracujalikör, dem Zimt und dem Zucker verrühren und diese Masse in die Pfirsichhälften spritzen.
5. Mit den Pistazienkernen und den Belegkirschen garnieren.
6. Die Platte mit Moosröschen und Schleierkraut verzieren und servieren.

Vorbereitungszeit: 15 Minuten.
Zubereitungszeit: 5 Minuten.

Zimtschokolade mit Kiwis und Erdbeeren

Sie benötigen für 4 Personen:

100 g Vollmilchschokolade
3 Eier
4 cl Kirschwasser
1 Päckchen Vanillezucker
1 EL Zucker
1 EL Zimt
1 Becher Sahne
1 Päckchen Sahnesteif

Außerdem:

150 g frische Erdbeeren
2 Kiwis
6 cl Orangenlikör
geschlagene Sahne zum Garnieren
einige Melisseblättchen

So wird's gemacht:

1. Die Schokolade in einen Topf geben und im Wasserbad schmelzen.
2. Die Eier in einem anderen Topf mit dem Kirschwasser, dem Vanillezucker, dem Zukker und dem Zimt vermischen und auf dem Herd oder im Wasserbad schaumig schlagen, bis eine cremige Masse entstanden ist.
3. Die Schokolade unter die Eimasse ziehen und erkalten lassen.
4. In der Zwischenzeit die Sahne mit dem Sahnesteif steif schlagen.
5. Die gewaschenen Erdbeeren halbieren, die Kiwis schälen und in Scheiben oder Würfel schneiden und mit dem Orangenlikör mindestens 2 Stunden marinieren.
6. Die Sahne vorsichtig unter die Schokoladencreme ziehen, in Gläser füllen und kühl stellen.
7. Vor dem Servieren den Fruchtsalat auf die Creme verteilen, mit der Sahne und den Melissezweigen garnieren und servieren.

Vorbereitungszeit: 15 Minuten.
Zubereitungszeit: 5 Minuten.

Fruchttörtchen

Sie benötigen für 4 Personen:

Für den Teig:

- 250 g Mehl
- 125 g Zucker
- 1 Päckchen Vanillezucker
- 1 EL geriebene Zitronenscheibe
- 1 Prise Salz
- 1 Ei
- 2 EL Kondensmilch
- 2 EL Rum
- 100 g Butter

Für den Belag:

- ½ Tasse Johannisbeergelee
- 4 cl Orangenlikör
- 500 g Früchte nach Wahl
- 1 Päckchen hellen Tortenguß
- 1 Becher Sahne
- 1 Päckchen Vanillezucker
- 1 EL Zucker

So wird's gemacht:

1. Das gesiebte Mehl mit dem Zucker, dem Vanillezucker, der Zitronenschale und dem Salz vermischen.
2. Mit dem Ei, der Kondensmilch, dem Rum und der Butter zu einem geschmeidigen Teig verarbeiten.
3. Im Kühlschrank mindestens 1 Stunde ruhen lassen.
4. Anschließend den Teig auf einer bemehlten Arbeitsfläche ausrollen, ausschneiden und in ausgefettete Förmchen geben.
5. Den Teig mit einer Gabel einstechen und im auf 200 Grad vorgeheizten Backofen 20 bis 25 Minuten backen.
6. Herausnehmen und erkalten lassen.
7. Das Johannisbeergelee mit dem Orangenlikör glattrühren und den Teigboden damit bestreichen.
8. Mit den Früchten belegen und mit dem Tortenguß überziehen.
9. Mit der geschlagenen und mit Vanillezucker gesüßten Sahne verzieren.
10. Auf einer Platte dekorativ anrichten und servieren.

Vorbereitungszeit: 75 Minuten.
Zubereitungszeit: 15 Minuten.

Ananasfruchtplatte

Sie benötigen für 4 Personen:

- 2 mittelgroße Ananas
- 100 g Kaiserkirschen
- 100 g Erdbeeren
- 2 Kiwis
- 100 g Mandelsplitter
- 50 g Kokosflocken

Für die Soße:

- 1 Tasse Vanillesoße (Fertigprodukt)
- 6 cl weißen Rum
- ½ Becher Sahne
- 1 Päckchen Vanillezucker
- ½ Päckchen Sahnesteif
- Schokostreusel

Für die Garnitur:

- Alufolie
- Zahnstocher
- 250 g Erdbeeren
- Petersilie

So wird's gemacht:

1. Die Ananas halbieren, mit einem Messer den Strunk herausschneiden und mit einem Kugelausstecher das Fruchtfleisch herauslösen.
2. Die Ananashälften dekorativ auf einer Platte anrichten.
3. Das Ananasfleisch mit den Kaiserkirschen, den gewaschenen und halbierten Erdbeeren und den geschälten und in Würfel geschnittenen Kiwis in eine Schüssel geben.
4. Die Mandelsplitter und die Kokosflocken dazugeben und alles vorsichtig miteinander vermischen.
5. Die Vanillesoße mit dem Rum verrühren.
6. Die Sahne mit dem Vanillezukker und dem Sahnesteif steif schlagen und unter die Vanillesoße ziehen.
7. Die Schokostreusel unter die Soße heben und den Fruchtsalat damit anmachen.
8. In die Ananashälften füllen.
9. Aus der Alufolie einen Ball formen und Zahnstocher hineinstecken.
10. Die gewaschenen Erdbeeren auf die Zahnstocher stecken.
11. Die Zwischenräume mit Petersilie füllen und dieses Bukett auf die Platte setzen und servieren.

Vorbereitungszeit: 15 Minuten.
Zubereitungszeit: 5 Minuten.

Exotischer Fruchtsalat mit Walnüssen

Sie benötigen für 4 Personen:

1 Mango
12 Lychees
2 Kiwis
100 g Erdbeeren
2 kleine Kantalupmelonen

Außerdem:

8 cl Nußlikör
2 EL Zucker
100 g Walnußhälften
½ Becher Crème fraîche
1 Tasse Weißwein
1 Päckchen Vanillezucker
junges Blattgrün
Frühlingsblumen

So wird's gemacht:

1. Die Mango schälen, den Kern herauslösen und in kleine Würfel schneiden.
2. Die Lychees schälen, entkernen und halbieren.
3. Die Kiwis schälen und in Scheiben schneiden.
4. Die Erdbeeren putzen, waschen und halbieren.
5. Die Melonen der Länge nach halbieren, entkernen, das Fruchtfleisch mit dem Löffel herauslösen und in kleine Würfel schneiden.
6. Die Früchte in eine Schüssel geben, mit dem Nußlikör beträufeln, leicht zuckern und mindestens 1 Stunde marinieren.
7. Mit den Walnußhälften vorsichtig vermischen und anschließend in die Melonenhälften füllen.
8. Die Crème fraîche mit dem Weißwein und dem Vanillezucker verrühren und über die Früchte verteilen.
9. Auf einer Platte anrichten, die Zwischenräume mit dem Blattgrün und den Frühlingsblumen ausfüllen und servieren.

Vorbereitungszeit: 15 Minuten.
Zubereitungszeit: 5 Minuten.

Die süße exotische Fruchtplatte

Sie benötigen für 4 Personen:

1 Ananas
1 Honigmelone
4 Kiwis
1 Mango
2 Bananen
Saft von 1 Zitrone
2 große Kokosnüsse

Für die Vanille-Rum-Creme:

1 Becher Sahne
½ Päckchen Sahnesteif
2 Päckchen Vanillezucker
½ Tasse weißen Rum

Für die Himbeercreme:

2 Becher Joghurt
Saft von 1 Zitrone
100 g Himbeeren
½ Tasse Orangenlikör
3 EL Zucker

So wird's gemacht:

1. Die Ananas schälen, in Scheiben schneiden und den Strunk ausstechen.
2. Die Honigmelone halbieren, entkernen, in Schnitze schneiden und das Fruchtfleisch von der Schale lösen.
3. Die Kiwis schälen und halbieren.
4. Die Banane schälen, der Länge nach halbieren, vierteln und mit Zitronensaft beträufeln.
5. Die Kokosnüsse mit einer Säge halbieren, das Nußfleisch herauslösen und in Stücke schneiden.
6. Für die Vanille-Rum-Creme die Sahne mit dem Sahnesteif und dem Zucker halbsteif schlagen, den Rum unterrühren und in 2 Kokosnußhälften füllen.
7. Für die Himbeercreme den Joghurt mit dem Zitronensaft, den pürierten Himbeeren, dem Orangenlikör und dem Zucker verrühren und in die restlichen 2 Kokosnußhälften füllen.
8. Die Früchte einzeln auf einer Platte anrichten, die Kokosnußhälften daraufstellen und servieren.

Vorbereitungszeit: 15 Minuten.
Zubereitungszeit: 5 Minuten.

Feiner Reisauflauf

Sie benötigen für 4 Personen:

125 g Rundkornreis
½ l Milch
40 g Butter oder Margarine
1 Päckchen Vanillezucker
1 EL geriebene Zitronenschale
1 Prise Salz
2 Eidotter
50 g Zucker
4 EL heißes Wasser
80 g Zartbitterschokolade
4 cl Rum
2 Eiweiß

Außerdem:

Backoblaten
2 Eiweiß
50 g Zucker
6 cl Orangenlikör

So wird's gemacht:

1. Den Reis zuerst in kochendem Salzwasser kurz blanchieren, abgießen, mit kaltem Wasser abspülen und gut abtropfen lassen.
2. Mit der Milch, der Butter oder Margarine, dem Vanillezucker, der Zitronenschale und dem Salz in einen Topf geben.
3. Bei mittlerer Hitze etwa 20 Minuten kochen, anschließend bei stärkerer Hitzezufuhr zu einem dicken Brei dünsten.
4. Vom Feuer nehmen und abkühlen lassen.
5. In der Zwischenzeit das Eigelb mit dem Zucker und dem Wasser schaumig schlagen und unter den Reis ziehen.
6. Die Schokolade mit dem Rum in einer Schüssel im Wasserbad auflösen.
7. Eine Hälfte der Reismasse mit der Schokolade vermischen.
8. Das Eiweiß steif schlagen und vorsichtig unter beide Massen heben.
9. Eine ausgefettete Backform mit der einen Reismasse füllen.
10. Die Backoblate obenauflegen und mit der Schokoladenmasse abdecken.
11. In den auf 200 Grad vorgeheizten Backofen schieben und 35 bis 40 Minuten backen.
12. Für die Haube das restliche Eiweiß mit dem Zucker und dem Orangenlikör steif schlagen.
13. Auf die Reismasse verteilen und im Ofen goldgelb überbacken.
14. Herausnehmen, erkalten lassen, in Stücke schneiden, auf einer Platte anrichten, verzieren und servieren.

Vorbereitungszeit: 30 Minuten.
Backzeit: 35 bis 40 Minuten.

Bayerischer Apfelquarkstrudel

Sie benötigen für 1 Strudel:

400 g gesiebtes Mehl
2 Eier
1 Tasse lauwarmes Wasser
2 EL Öl

Für die Füllung:

250 g Magerquark
20 g Butter oder Margarine
40 g Zucker
30 g Mehl
4 EL saure Sahne
3 Eidotter
1 EL geriebene Zitronenschale
1 Päckchen Vanillezucker
einige Tropfen Rumaroma
1 Eiweiß
100 g Rosinen
1 Apfel
Butter zum Bestreichen

So wird's gemacht:

1. Das Mehl, die Eier, das Wasser und das Öl auf einer bemehlten Arbeitsfläche zu einem geschmeidigen Teig verarbeiten.
2. Den Teig anschließend 30 Minuten ruhen lassen.
3. Auf einem bemehlten, großen Küchentuch möglichst dünn ausrollen.
4. Für die Füllung den Quark in einer Schüssel glattrühren.
5. Die Butter oder Margarine mit dem Zucker schaumig schlagen und mit dem Mehl, der Sahne und dem Eigelb unter den Quark heben.
6. Mit der Zitronenschale, dem Vanillezucker und dem Rumaroma verfeinern.
7. Den restlichen Zucker mit dem Eiweiß zu steifem Schnee schlagen.
8. Vorsichtig unter die Quarkmasse heben und die Masse auf zwei Drittel des Strudelteiges gleichmäßig verteilen.
9. Mit den Rosinen und dem geschälten, entkernten und in Scheiben geschnittenen Apfel belegen und mit Hilfe des Tuches zusammenrollen.
10. Auf ein bemehltes Backblech legen und in dem auf 180 Grad vorgeheizten Backofen 40 Minuten backen.
11. Während der Backzeit öfter mit der Butter bestreichen.
12. Herausnehmen, erkalten lassen, in Scheiben schneiden, mit einem Tuff Sahne garnieren und servieren.

Vorbereitungszeit: 45 Minuten.
Backzeit: 40 Minuten.

Rezeptverzeichnis

Ananasfruchtplatte 154
Apfel-Matjes-Brot 43
Apfelquarkstrudel, bayerischer 158
Apfelschmalz 33
Auberginen mit Garnelenfüllung 142
Aufschnittplatte, deftige 100
Aufschnittplatte, einfache 94
Aufschnittplatte, runde 10
Austernessen 116

Bauernbrot mit Schinkenpaste 42
Bierkäse 68
Bratenplatte, gemischte mit Essiggemüse 94
Brot 34
Brotzeit-Brett 102
Buffetkunde, kleine 26
Bündner Filet 91
Butter 32

Camembertspießchen 48
Canapé für Feinschmecker 38
Canapé mit geräuchertem Forellenfilet 38
Canapé mit Käsecreme und Kaviar 40
Canapé mit Lachs und Dillcreme 39
Canapé mit Lachsschinken und Sherrygelee 41
Chicoréeschiffchen 140
Cocktailspießchen 48

Edelpilzcreme 55
Edelpilzkäse, angemachter 68
Eierplatte, schnelle 45
Entenbrustfilets mit Blutorangengelee 124

Feinschmeckergarnitur 98
Filetcocktail mit Rosenblättern 60
Fisch auf der Platte 14
Fischplatte, schnelle 15
Fitnessplatte 145
Fleisch- u. Schinkenspezialitäten auf der Platte 12
Fleischzubereitung 98
Forellengalante, gekräuterte 135
Fruchtplatte, süße exotische 156
Fruchtsalat, exotischer mit Walnüssen 155
Fruchttörtchen 154
Füllung, deftige 79
Füllung, feurige 47

Gänsekeulen auf Ananaskraut 120
Garnieren und Verzieren 28
Garnitur Madame 98
Geflügelplatte mit Leberschaum 118
Gemüse auf der Platte 18
Gemüseplatte, feine 19
Gemüseplatte zum Dippen 52
Gemüsesnacks 51

Hähnchenbrustfilets, gefüllte 123
Hähnchenkeule, glasierte 123
Hamburger, deftiger 106
Handkäse mit Musik 68
Heilbuttfilets auf Gemüsesalat 116
Hering, feuriger 112
Herrentorte, pikante 82
Hirschmedaillons im Blätterteigmantel 127
Husumer Krabbencanapé 40

Johannisbeer-Meerrettich-Garnitur 99

Kalbsbrust, gefüllte nach Art der Gärtnerin 86
Kalbsfilet mit Lachsfüllung 86
Käse auf der Platte 16
Käseball, kunterbunter 65
Käsebutter, italienische 33
Käse-Cocktail-Platte, holländische 73
Käsehappen, schnelle 64
Käsehörnchen 82
Käseplatte, gemischte 73
Käseplatte, italienische 70
Käseplatte zum Bier 67
Käseplatte zum Wein 70
Käseschiffchen, pikante 76
Käsespießchen 48
Käsestangen 81
Käsetomaten 140
Käsetörtchen, Winzer 76
Käsewürfel mit exotischen Früchten 70
Kaviartraum, russischer 116
Krabbencanapé, Husumer 40
Krabben-Cocktail-Platte, feine 57
Krappenhäppchen 50
Krabben-Schinken-Creme 46
Kräuterbutter, schnelle 32
Kräutergarnitur 99
Kräuter-Käse-Brötchen 80
Kräuterkugeln 50
Kräuter-Nuß-Dip 54
Kräuterquark, Vollkornbrot mit 42
Kräuter-Quark-Füllung 78

Lachs, geräucherter mit Zitronenschaum 117
Lachsforellenfilets, rohmarinierte 110
Lachsgalantine, gefüllte 135
Lachssteaks in Weingelee 110
Lammkeule, provencalische 88
Languste, garnierte mit Flußkrebsen 25
Leberschaumfüllung 47

Matjescocktail 58
Matjesröllchen, pikante 113
Matrosencocktail 58
Medaillonplatte, einfache 96
Muschelcocktail, italienischer 58

Nudelsalat, mexikanischer 146
Nudelteigpastete mit Gemüse-Schinken-Füllung 131
Nuß-Kräuter-Dip 54

Obatzter 69
Ölmalpapier 143
Orangenbutter 33

Paprika-Speck-Dip 54
Paprikascheiben, gefüllte 142
Partybrot, gefülltes 74
Pastetchen mit Mandel-Frischkäse-Füllung 152
Pferdekumett, deftiges 103
Pfirsichquarkplatte 152
Pilzsalat mit Wachteleiern 61
Platte, festliche 24
Platte, rustikale 23
Platte, süße 20
Pumpernickelturm 75

Quark-Kräuter-Füllung 78

Räucherfischplatte, erlesene 114
Rehrücken mit Leberschaum 126
Reisauflauf, feiner 158
Rinderlende, würzig marinierte 94
Rippchen, scharfe 107
Roastbeef aus der Salzkruste 91
Rohkostsalat mit Walnüssen 147
Roquefortcräcker 75
Roquefortgarnitur 99

Salatplatte, schnelle 148
Sardellenbutter 32
Sardellencreme 46
Schafskäse, eingelegter 68
Schinken-Käse-Schaum 79
Schinkenpaste, Bauernbrot mit 42
Schinken- u. Bratenplatte, gemischte 13
Schinken- u. Fleischspezialitäten auf der Platte 12
Schmalz 32
Schmankerlplatte, bayerische 102
Schweinebauch, süßsauer mit Käsepanade 104
Schweinebrust mit Kräuter-Käse-Füllung 88
Schweinefiletpastete 132
Schweinefleischpastete, süßsaure 130
Schweinenacken, süßscharfer 88
Seezungenröllchen, hausgeräucherte 117
Seezungenröllchen Katinka 110
Senffüllung, scharfe 46
Sherryfüllung 79
Soßen zur Räucherfischplatte 114
Süßes auf der Platte 20

Tatarschnitten 42
Täubchen, gefüllte 124
Thunfischcreme 47
Truthahnbrust mit Apfel-Mandel-Füllung 120
Truthahnsteaks, exotische 121

Vanillecreme mit Johannisbeermark 152
Vollkornbrot mit Kräuterquark 42

Weinbrandbutter 32
Weingauer Apfelquark 54
Weinkäseplatte 74
Windbeutel u. Eclairs 78
Wildentenpastete für Feinschmecker 136
Wildterrine, Elsässer 136
Winzer Käsetörtchen 76
Wurstkorb, deftiger 102
Wurstplatte, feine 92

Zimtschokolade mit Kiwis und Erdbeeren 153
Zitronenschnitzel 105
Zwiebelschmalz 33

ISBN 3 8068 4200 0

Grafische Gestaltung: TLC-Werbe GmbH, Bocholt
Titelbild: TLC-Werbe GmbH, Bocholt
Fotos: TLC-Werbe GmbH, Bocholt
Rezeptbearbeitung: Fritz Faist
Satz: LibroSatz, Kriftel bei Frankfurt
Druck: Mohndruck Graphische Betriebe GmbH, Gütersloh

817 26